江苏省教育科学"十三五"规划2020年度课题"语文课堂真境的生成研究"
（课题编号：D/2020/02/124）研究成果

真境课堂透析

主编　戴继华　周国圣　刘 丹　缪志峰

河海大学出版社
·南京·

内 容 提 要

《真境课堂透析》系江苏省南通市中青年名师戴继华工作室围绕"真·境"理念,开展教育教学研究的阶段成果,亦是江苏省教育科学"十三五"规划 2020 年度课题"语文课堂真境的生成研究"(课题编号:D/2020/02/124)之成果。该书汇集了工作室成员 37 篇课堂实录、教学反思和课堂点评。

《真境课堂透析》一书具有前瞻性、实践性和可借鉴性。该书选择的课例源自一线课堂,并且经过工作室成员的打磨、推敲与反复实践。无论是课堂实录、教学反思还是课堂点评均是基层实践的成果。本书内容既有实践再现,又有理论指引,对一线教学具有指导性和借鉴性;研究思路与文本表达,源自一线教师,容易与广大一线教师达成共鸣,便于广大教师借鉴与应用。

图书在版编目(CIP)数据

真境课堂透析 / 戴继华等主编. -- 南京:河海大学出版社,2022.11
ISBN 978-7-5630-7771-7

Ⅰ.①真… Ⅱ.①戴… Ⅲ.①中学语文课—课堂教学—教学研究 Ⅳ.①G633.302

中国版本图书馆 CIP 数据核字(2022)第 207799 号

书　　名	真境课堂透析 ZHENJING KETANG TOUXI	
书　　号	ISBN 978-7-5630-7771-7	
责任编辑	陈丽茹	
特约校对	李春英	
装帧设计	徐娟娟	
出版发行	河海大学出版社	
地　　址	南京市西康路 1 号(邮编:210098)	
网　　址	http://www.hhup.com	
电　　话	(025)83737852(总编室)　(025)83722833(营销部)	
经　　销	江苏省新华发行集团有限公司	
排　　版	南京布克文化发展有限公司	
印　　刷	南京玉河印刷厂	
开　　本	718 毫米×1000 毫米　1/16	
印　　张	12.75	
字　　数	211 千字	
版　　次	2022 年 11 月第 1 版	
印　　次	2022 年 11 月第 1 次印刷	
定　　价	78.00 元	

编委会

主　　编	戴继华	周国圣	刘　丹	缪志峰
编写人员	蔡天翼	陈林华	陈正燕	范勤勇
	郭小平	黄　杰	陆　艳	钱　鑫
	单成杰	沈明明	宋海琴	孙美华
	唐有祥	王　华	王春建	薛永娟
	严　清	杨玉栋	朱东林	

目录

1. 跟自己同课异构，为学生一文多教
   ——以《我的一位国文老师》为例 ……………………… 陈正燕/1

2. 活用适切的语文方法，营造真学的生态课堂
   ——《我的一位国文老师》教学反思 ……………………… 陈正燕/14

3. 真教，阅读与写作的津梁
   ——《我的一位国文老师》实录、反思、点评 ………… 刘　丹、戴继华/18

4. "凹"，撬动文本深耕的阅读支点
   ——《一棵小桃树》课堂实录 ……………………………… 郭小平/31

5. 基于学生：让"真教"落地有声
   ——《一棵小桃树》教学反思 ……………………………… 郭小平/40

6. 线形设计、从容铺展、细琢品读、深入挖掘
   ——评郭小平老师的《一棵小桃树》………………………… 蔡天翼/43

7. 《一棵小桃树》课堂教学实录 ……………………………… 沈明明/46

8. 让"真学"在自读课文学习中真正发生
   ——以《一棵小桃树》为例 ………………………………… 沈明明/56

9. 体现自读特色，培养自读能力
   ——评沈明明老师执教的《一棵小桃树》…………………… 杨玉栋/61

10. 《曹刿论战》课堂实录 ……………………………………… 缪志峰/64

11. 教师"想通"与学生"想通"之间
　　——执教《曹刿论战》反思 …………………………………… 缪志峰/73

12. "通想"与"想通"
　　——评缪志峰老师的《曹刿论战》一课 ………………………… 严　清/77

13. 《猫》课堂实录 …………………………………………………… 孙美华/80

14. 《猫》教学反思 …………………………………………………… 孙美华/86

15. 《猫》课堂教学点评 ……………………………………………… 沈明明/90

16. 《念奴娇·赤壁怀古》课堂实录 ………………………………… 王春建/92

17. 求真唯实，从真实自然向"真境"迈进
　　——《念奴娇·赤壁怀古》教学反思 …………………………… 王春建/102

18. 行云流水，真"真"有味
　　——评王春建老师执教《念奴娇·赤壁怀古》 ………………… 陈林华/105

19. 以真启美　至美至真
　　——《横塘路》课堂实录 ………………………………………… 薛永娟/108

20. 真教、真学，渐入真境
　　——《横塘路》教学反思 ………………………………………… 薛永娟/116

21. 真，就要尊重学生"学习的规定性"
　　——《横塘路》课堂教学点评 …………………………………… 严　清/119

22. 课堂教学中的三个"有"
　　——评张炜老师执教《归园田居（其一）》 ……………………… 朱东林/122

23. 《就英法联军远征中国致巴特勒上尉的信》课堂实录 ……… 周国圣/124

24. 核心素养背景下语文课的构建
　　——《就英法联军远征中国致巴特勒上尉的信》教学思考 … 周国圣/133

25. 巧借写作技法,优化课堂结构
　　——观《就英法联军远征中国致巴特勒上尉的信》一课 …… 陆　艳/139

26. 学科德育理念下的情境与建构
　　——《中华人民共和国成立》课堂实录 …………………… 黄　杰/143

27. 寻策于学,育德于教
　　——《中华人民共和国成立》教学反思 …………………… 黄　杰/148

28. 注重过程,让学科育德落地生根
　　——《中华人民共和国成立》教学评析 …………………… 黄　杰/150

29. 《运动的相对性》课堂实录 …………………………………… 范勤勇/153

30. 在真探究中学会学习
　　——对《运动的相对性》一课的教学反思 ………………… 范勤勇/159

31. "让学生参与"是最好的教学
　　——观《运动的相对性》一课有感 ………………………… 单成杰/163

32. 《算术平方根》课堂实录 ……………………………………… 宋海琴/167

33. 《算术平方根》教学反思 ……………………………………… 宋海琴/174

34. 《算术平方根》课堂教学点评 ………………………………… 王　华/177

35. 高三地理专题复习课《降水的类型》课堂实录 ……………… 唐有祥/180

36. 地理高效课堂构建例谈
　　——兼评《降水的类型》一课 ……………………………… 唐有祥/186

37. 探究认知心理,呈现更精彩的地理课堂
　　——浅评唐有祥老师的《降水的类型》一课 ……………… 钱　鑫/190

1. 跟自己同课异构,为学生一文多教

——以《我的一位国文老师》为例

课堂再现

《我的一位国文老师》课堂实录一

师:同学们,你们的老师有绰号吗?我们来说说看。

生:小秀才。

……

(学生们交头接耳,乐开了花)

师:这些绰号都很有意思。在生活中,很多人会给个性或特征鲜明的人起绰号,绰号可以分为善意的昵称和恶意的侮辱性外号两种。今天我们要学习的《我的一位国文老师》中,梁实秋的老师徐锦澄有什么绰号?

生:徐老虎。

师:今天,我们来了解"徐老虎"其人其事,请关注作者是怎么回忆自己的老师的。

首先我们思考三个问题,把文章梳理一下。

(投影)

1. 诵读课文,画出显示本文行文思路的句子。
2. 文中作者对徐老师的认识有怎样的变化?请简要说明。
3. 文中作者对徐老师有怎样的情感态度?

师:先回答第一个问题。

生:第1段,总领全文,强调不能忘记徐老师的原因。第7段,承上启下,

由写徐老师的"凶"转入写从老师处受益。第12段,总结全文,表达思念、怅惘和敬慕之情。

师:由此看来,梁先生的这篇回忆性散文的思路有何优点?

生:思路清楚。(教师板书)

师:哪位同学回答第二个问题?

生:原初印象——相貌古怪、行为不雅、性格凶悍;深入了解——朗诵教学有意思、改作文最独到、作文技巧实用。

师:这样看来,这篇散文写人成功之处在哪里?

生:个性鲜明。(教师板书)

师:作者对徐老师的情感是怎样的?

生:梁实秋对老师怀有思念、怅惘和敬慕等情感。(板书:情感真挚)

师:我们初步感知了梁先生的作品,对徐锦澄老师有了初步了解,现在如果徐老师来做你的语文老师,你欢迎吗?为什么?(投影展示对学生的讨论要求)

生:我不欢迎他。他外貌不佳,长得像夜叉;他生活习惯不好,老是拖着鼻涕,衣服很脏;他对学生的态度恶劣,从"他经常是仰着头,迈着八字步,两眼望青天,嘴撇得瓢儿似的"这段文字中可以看出,他为人傲慢,动不动就骂学生,"你是什么东西?我一眼把你望到底",从中看出他对学生充满蔑视。这样的老师,我很反感。

师:这位女同学对老师的相貌、行为习惯很反感,真是直言不讳,也言之有据。对此,同学们有其他意见吗?

生:对于徐老师骂人的行为,我也不接受。性急的同学问老师题目,表明学生对题目关心、感兴趣,这本是好现象,做老师的应该鼓励才对。徐老师竟然"冷笑两声,勃然大怒",这样怒骂实在是蛮横不讲理。梁实秋打抱不平,辩解两句,做老师的不仅不冷静反思自己的做法,竟然骂了一个钟头,有辱斯文,也不遵守教学纪律。

师:这位同学也是快人快语,甚至有些义愤填膺。内容很精彩,还特别讲理!

生:梁实秋笔下的徐锦澄很有个性,我很喜欢。之所以前面的同学反感他,是因为他们被梁实秋对老师过于夸张的描写所误导。例如文中写道:"他的相貌很古怪,他的脑袋的轮廓是有棱有角的,很容易成为漫画的对象。"我认为,作者描写人物用的是漫画笔法。漫画常采用夸张、变形、比喻、象征等手法,具有强烈的讽刺性或幽默感。我曾经看到一幅描绘影视演员的漫画,画中演员张嘴大笑,小鼻子、小眼睛被挤到额头上去了。本文中"他的鼻子眼睛嘴好像是过分的集中在脸上很小的一块区域里"大概就属于这种漫画式的描写法。再譬如写徐老师流清水鼻涕和布袍肮脏,我就怀疑,徐老师真的长年如此?天天如此?也许是作者捕捉了徐老师不同时期的有特征的样子凑到一起写,这样徐老师的样子就独特了,让人印象深刻。

师:这位同学的观点很独特,梁实秋的散文以幽默著称,而夸张变形是幽默常用的手法。课前,我在网上找到徐老师的画像,大家来看看他相貌如何。(投影照片)

意外吧,照片中的徐老师竟然还很端庄大气,并无凶相。如果是这样的"徐老虎",你能接受吗?

生:(笑一笑)如果长这样,还凑合吧!(同学们也轻松一笑)

师:我现在有个问题,梁实秋这段描写老师相貌的文字,到底表达的是什么情感态度?

生:梁实秋似乎对老师大不敬,表现了第一印象中老师形象不雅。但以幽默的态度看,梁实秋笔下的老师有趣、好玩,甚至可爱,形象鲜活生动,让人印象深刻,真正体现了这个单元"活生生的'这一个'"的艺术特点。

师:我觉得,这位同学的分析很专业,一语中的。可贵的是,他还能把这篇散文放到整个单元背景中去解读,视野开阔。下面,我请一位同学有感情地朗读这一段。大家先自读,酝酿一下感情,把握一下节奏。

师:下面请推荐一位同学来朗诵。

(点评朗诵,并指导朗诵;再请一生朗诵,学生点评;最后老师范读,抑扬顿挫,语调略带夸张)

师:刚才同学们对徐老师的评价侧重于相貌,除此之外,大家还可以结合文本从其他角度谈对徐老师来任教的看法?

生:徐老师被称为"徐老虎",他的确凶,难得一笑也是狞笑,张嘴就骂人。但是作者理解他凶是"正当防卫"。正当防卫指遇到不法侵害时用必要手段维护自身安全的正义合法行为。用这个词语就可以认定徐老师的行为是正确的,学生的行为是错误的。从文中徐老师骂人的背景介绍中可知,国文地位低,学校和学生都不重视,连其他老师也乐得敷衍,徐老师骂人是为了维护国学的地位,扭转教与学敷衍的风气,让学生获得真学问。这种"凶"反映的

是老师对学生要求严格，对工作负责认真。作者运用的是似贬实褒的手法。（板书：敬业爱生、似贬实褒）

师：对于当时这种乱糟糟的情形，梁实秋在《清华八年》中也有记载，大家来看：（投影）

清华是预备留美的学校，所以课程的安排与众不同，上午的课如英文、作文、公民（美国的公民）、数学、地理、历史（西洋史）、生物、物理、化学、政治学、社会学、心理学……都一律用英语讲授，一律用美国出版的教科书；下午的课如国文、历史、地理、修身、哲学史、伦理学、修辞、中国文学史……都一律用国语，用中国的教科书。这样划分的目的，显然是要加强英语教学，使学生多得听说英语的机会。上午的教师一部分是美国人，一部分是能说英语的中国人。下午的教师是一些中国的老先生，好多都是在前清有过功名的。但是也有流弊，重点放在上午，下午的课就显得稀松。尤其是在毕业的时候，上午的成绩需要及格，下午的成绩则根本不在考虑之列。因此大部分学生轻视中文的课程。这是清华在教育上最大的缺点，不过鱼与熊掌不可得兼，顾了英文就不容易再顾中文，这困难的情形也是可以理解的。可惜的是学校没有想出更合理的办法，同时对待中文教师之差别待遇也令学生生出很奇异的感想，薪给特别低，集中住在比较简陋的古月堂，显然中文教师是不受尊重的。这在学生的心理上有不寻常的影响，一方面使学生蔑视本国的文化，崇拜外人，另一方面激起反感，对于洋人偏偏不肯低头。我个人的心理反应即属于后者，我下午上课从来不和先生捣乱，上午在课堂里就常不驯顺。（梁实秋《清华八年》）

生：有水平的人有点脾气也正常。徐老师凶也是有底气的。他至少是举人出身，有才华见识，擅长教学。"师者，所以传道受业解惑也。"可见老师要有真才实学，能提高学生的水平。这样的老师，我是崇拜的，他来教我，我欢迎。

生：我觉得看人要看主要方面。徐老师的古怪凶恶属于外在形象不雅，都是细枝末节的问题，不涉及人物的德行。而徐老师热爱教学，而且教国文、教作文水平很高，连大文豪梁实秋都佩服，我想这才是梁实秋深深怀念他的原因。身后能留下这样的评价，这位老师无疑是成功的。徐老师来教我，我绝不挑剔。

师：同学们学习很投入，积极思考，发言都很精彩，如果徐锦澄真能做你

们的老师,他根本无须怒骂,即使想骂也找不到借口啰!(生大笑)

由此看来,绰号"徐老虎"是善意的昵称还是恶意的侮辱性外号?

生:善意的昵称。

生:我有不同意见。我认为这个绰号开始时是侮辱性外号,表达了学生对徐老师的畏惧反感;在真正了解徐老师后,称老师为"老虎"应该带有善意和敬意。(学生频频点头)

师:后一位同学的观点应该更全面一些,很多同学也赞同。

至此我们有幸认识了一位近百年前的性格鲜明、才华出众、品格高尚的徐老师,大概不能不感谢梁实秋先生。除了感受徐老师的高大的教师形象,明白一些为人做事的道理,这篇作品的写法也很值得我们借鉴。下面我们来探究一下。同学们先独立思考,再小组合作交流看法。(投影展示对学生的讨论要求)

生:我觉得本文的标题看似平淡,实则用心。"我的"表明对老师的认可与亲近。"一位"有尊敬之意,不同于"一个"。"国文老师"交代了老师的身份,也有尊敬之意。

师:题目是文章的眼睛。这位同学善于咬文嚼字地进行分析,从看似平常的题目中读出了作者的良苦用心。

生:我认为本文描写人物,善于抓特征,描摹细致。除了第二段很生动幽默地刻画徐老师的相貌、习惯外,描写徐老师朗诵课文的文字也很有意思。作者先直接描写朗诵的腔调、表情、态度、节奏,集中渲染"有腔有调,有板有眼,有情感,有气势,有抑扬顿挫",再用"我们听后好像是已经理会到原文的意义的一半"的反应间接描写老师朗诵的效果。这样的描写让人印象深刻。(板书:描摹细致)

生:梁先生的语言幽默,谐趣横生。本文第12段写徐老师改作文大勾大抹给"我"的打击,"我掏心挖肝的好容易诌出来的句子,轻轻的被他几杠子就给抹了",突出"我"写作文极其用心,自认为写得好,却被老师轻易否定,反差极大,产生幽默效果。(板书:语言幽默)

生:作者善于使用衬托手法描写人物。譬如要表现徐老师的敬业,先写学生上国文之类的课程不踊跃,其他国文老师敷衍了事,衬托出徐老师敬业爱生的态度。(板书:巧用衬托)

生:作者善于选材,所用材料都很典型。正如作者所说,"还知道一点'割

5

爱'的道理,就不能不归功于我这位先生的教诲"。大概徐老师可供叙述的内容远不止课文中所写的这些,但是作者善于裁剪"割爱",只留下能够充分体现人物鲜明性格特征的素材。作者为表现徐老师"使我受益也最多",选了教国文和教作文两方面的内容,而且内容很具体。单说徐老师选辑新旧兼收的教材,提高了作者对国文的兴趣,以此表现老师的敬业和思想开明。而徐老师介绍国文作者的方式让学生肃然起敬,觉得老师不是平凡人,这种介绍法让大家耳目一新,以至于令梁实秋五十年后记忆犹新。这样的内容具体真切地表现了徐老师的教学风格,自然而然地表现了对老师的敬慕之情。(板书:善于选材)

生:本文似贬实褒,先抑后扬的内容安排,避免了回忆文章的平铺直叙的弊病,用个性化的描写突出了徐老师的有趣和可爱,与下文老师的认真、敬业、爱生形成了表里反衬,外在的丑衬托了内在的美。(板书:似贬实褒)

师:同学们刚才的展示很踊跃、很精彩,堪称梁实秋的知音。通过这篇散文,我认识了一位特征鲜明、让人敬仰的国文老师,更学习了梁实秋先生写人的老练笔法。学习贵在运用。今天布置一项学以致用的作业,请大家学习本文的写法,描写一位你熟悉的人,突出一个特征,融入情感,二百字左右。

这堂课到此为止。

同学们,再见!

《我的一位国文老师》课堂实录二

师:同学们,今天我们一起来认识一位民国时期清华学堂的国文老师,他的名字是——

生:徐锦澄。

师:他还有一个绰号,是什么?

生:徐老虎!

师:梁实秋经常给徐老虎画漫画,今天我们也来根据预习课文留下的印象给徐老虎画一幅漫画,给大家一分钟时间,人物像能示意即可。

(学生迅速动笔,边画边笑,画好后交换品评)

师:下面请同学们把自己的作品放到实物投影仪上来展示,我们看看画得怎样。

1. 跟自己同课异构，为学生一文多教——以《我的一位国文老师》为例

（一位男同学的作品一经展示，立刻引来哄堂大笑）

师：你们给他的画打多少分？

（学生纷纷亮分，吼声此起彼伏：80,75,90,100,85……）

师：（走近一位女生）你给他100分，能说说理由吗？

生：我看过许多漫画作品，我觉得优秀的漫画就要画得夸张变形，这样才能突出特点，产生幽默诙谐的效果，给人深刻的印象。这幅漫画虽然勾画得还比较粗糙稚嫩，但是符合文意，夸张地突出了徐老师的外貌特点，让人发笑。不吹毛求疵的话，我给他100分。

（学生听了自发鼓掌）

师：哇！这位同学还有自己悟出的漫画理论，好厉害！同学们的掌声已经表明他们对你的肯定！我也赞同你的判断。

同学们，漫画可以表达赞扬之情，也可以表达嘲弄之意。请问，梁实秋对徐老虎漫画式的描写表达了哪种态度？

生：我看他对老师是不怀好意的。我估计，徐老师相貌一般，特征明显但不至于那么丑，因为梁实秋一开始不喜欢他，所以用夸张的笔法调侃老师。

师：有没有不同意见？同学们默认了刚才的发言。客观地说，如果我有这么一个老师，他给我的第一印象也不会好到哪里去。如果要改变这一段表达的情感态度，怎么写？（投影）

如果清华大学广播站向你约稿，请你为"名师风采"栏目写一篇介绍徐锦澄老师的散文，表达对他的崇敬爱戴之情。文中需要外貌描写，请以原文第二段为基础进行改写。

这是预习作业，现在请同学们把自己的作品放到实物投影仪上展示，并朗读出来。请大家评价。

学生习作（投影）：

先生姓徐，名锦澄，学生给他的绰号是"徐老虎"，因为他凶。他的脑袋的轮廓是有棱有角的。秃顶亮亮的，脸形却是方方的，扁扁的。他的鼻子、眼睛、嘴好像是过分的集中在脸上很小的一块区域里。他戴一副墨晶眼镜，银丝小镜框，这两块黑色便成了他脸上最显著的特征。梁实秋听他课时常给他画漫画，勾一个轮廓，中间点上两块椭圆形的黑块，便惟妙惟肖。他的身材高大，但是两肩总是耸得高高，鼻尖有一些红，像酒糟的，鼻孔里常流清水鼻涕，不时地吸溜着，说一两句话就要用力的吸溜一声。他常穿的是一件灰布长

袍,油渍斑斑的。他经常是仰着头,迈着八字步,两眼望青天,嘴撇得瓢儿似的。学生很难得看见他笑,如果笑起来,是狞笑,样子更凶。

师:同学们看看,这样修改好不好?

生:我觉得还需要修改。这篇散文需要表达对徐老师的崇敬、爱戴、怀念之情,所以要尽量选择正面的材料,有丑化嫌疑的内容要删掉或改写。例如鼻子眼睛过于集中、吸鼻涕、衣服油渍斑斑、狞笑这些内容要去掉。

师:你对选材的见解很有道理。我们把这几句去掉,看看效果如何。

修改一(投影):

先生姓徐,名锦澄,学生给他的绰号是"徐老虎",因为他凶。他的脑袋的轮廓是有棱有角的。秃顶亮亮的,脸形却是方方的,扁扁的。他戴一副墨晶眼镜,银丝小镜框,这两块黑色便成了他脸上最显著的特征。梁实秋听他课时常给他画漫画,勾一个轮廓,中间点上两块椭圆形的黑块,便惟妙惟肖。他的身材高大,但是两肩总是耸得高高,鼻尖有一些红,像酒糟的。他常穿的是一件灰布长袍。他经常是仰着头,迈着八字步,两眼望青天,嘴撇得瓢儿似的。学生很难得看见他笑,如果笑起来,样子更凶。

生:删掉一些句子后,徐老师的形象清爽多了,不过好像读起来不那么生动有趣,给人的印象不那么深刻。

师:我看有不少同学频频点头,也赞同你的观点。同学们不妨模仿梁实秋先生的幽默笔法,把徐老师的正面形象写得生动有趣。写好后先在学习小组内讨论修改,再挑选一篇修改稿来展示。

修改二(投影):

先生姓徐,名锦澄,学生给他的绰号是"徐老虎",因为他凶。他已经谢顶,露出的头皮油光锃亮,放着光芒,像《西游记》插图中的佛祖的模样,以至于他一来,教室似乎亮堂不少。他戴一副墨晶眼镜,银丝小镜框,这两块黑色后面是一双虎视眈眈的眼睛。学生看不透他的眼神,轻易不敢打瞌睡,否则会招来一阵让人肝胆俱裂的"虎啸"。这副眼镜便成了他脸上最显著的特征。梁实秋听他课时常给他画漫画,勾一个轮廓,中间点上两块椭圆形的黑块,便惟妙惟肖。他的身材高大,常穿的是一件灰布长袍,经常是仰着头,两眼望青天,迈着八字步,像戏台上的帝王去上朝。很难得看见他笑,如果他笑起来,样子更凶,让学生后背冒汗、心中发毛,唯恐在劫难逃。

生:这么一改,跟梁实秋写的差不多了,徐老师的形象更加正面,更加清晰,也有了幽默效果。

师:同学们是否同意他的评价?(不少学生在点头)从刚才的练习中,我们体验了如何按照写作要求选材、改变情感态度、改变语言风格,你们表现很棒!语言是奇妙的工具,用得好会有惊人的效果。我们经常这样练习,你们会独立写出更加精彩的文字,说不定将来我们班就会冒出几位"梁实秋"!

师:同学们,我们改写第二段搞得热火朝天,有没有考虑,梁实秋五十年后回忆恩师时为什么把徐老师的丑态暴露出来?是否应该把第二段删除?

生:梁实秋似乎对老师大不敬,但以幽默的态度看,梁实秋笔下的老师有趣、好玩,甚至可爱,形象鲜活生动,让人印象深刻,真正体现了这个单元"活生生的'这一个'"的艺术特点。如果去掉这一段,徐老师的形象就模糊了许多。

师:我觉得,这位同学的分析很专业,一语中的。可贵的是,他还能把这篇散文放到整个单元背景中去解读,视野开阔。

生:这一段写的是十八九岁的梁实秋眼中的徐老师,有些丑陋,有些邋遢,又有些凶恶,很有特色,令人难忘,也是五十年后梁实秋还能把他刻画得如此鲜活传神的原因。正呼应第一段"他给我的印象最深"。这只是徐老师给梁实秋的第一印象,此时他和老师交往不多,情感不深,所以描写的形象多了一些远距离的调侃揶揄。如果删掉,则不足以表现二人交往由表及里、由浅入深的过程。

师:这位同学能联系全文分析,见解很深刻,也合情合理。

生:这一段中,徐老师只是外在形象不佳,内在品质未见瑕疵,所以如此刻画无伤大雅。如果和后文连起来看,大概属于似贬实褒,先抑后扬的内容安排,显出徐老师外冷内热、外丑内美的特征,甚至有些魏晋人物的风度,使徐老师越发可爱可敬,难怪梁实秋忘不了他。如果去掉第二段,这篇文章和徐老师都会顿时黯然失色。

师:这位同学很有见识,表述很精当,同学们都拿敬佩的眼神看着你,我要为你点赞!

生:我觉得放在全文背景中看,这一段外貌描写看起来是对老师的调侃,实际反映了对老师的亲近。梁实秋没有"为长者讳",没有神化老师,也就没有对老师尊敬却疏远的感觉。跟老师开这样的玩笑大概是因为觉得徐老师也不会反感的。

师:同学们积极发言,相互启发,说得都很好。同学们已经看到,徐老师被梁实秋铭记,不仅仅是他外貌独特,更主要的是他为人做事让学生受益。

(投影)下面请同学们谈谈:梁实秋从徐老师那里获得哪些益处?

生:从徐老师批改作文中梁实秋学到写作的技巧。

生:读徐老师的自编教材,梁实秋提高了对国文的兴趣。

生:听徐老师朗诵文章,梁实秋明白朗诵的价值,明白好文章可以朗朗上口。

师:刚才同学们所找到的益处都是哪一类别的?

生:好像都是写作、阅读、朗诵这些知识技能方面的益处。

师:大家再想想,梁实秋从徐老师那里只得到这些益处吗?

生:从徐老师批改作文这件事上,可见他做人做事都很认真。他不用"清通""尚可""气盛言宜"这样的批语,他用大墨杠子大勾大抹,还解释这样做的原因。他这样做会很费工夫,但他舍得投入精力,我想,他认真敬业的态度对梁实秋是有影响的。

师:老师用"清通""尚可""气盛言宜"这样的批语就是不认真吗?

生:这些批语只是在评价作文,但没有指导学生怎样修改,这样有敷衍塞责的嫌疑,学生写作水平也难有提高。徐老师要用大墨杠子大勾大抹,首先就必须认真读作文,修改后还跟学生解释理由,不认真是做不到的。

师:你们是不是这样理解的? 看来你们都很聪明,要糊弄你们也不容易。

生:我也说说批改作文这件事。梁实秋从这删削之间看出徐老师的功夫,还把自己写文章好归功于徐老师的教诲。借此,梁实秋大概想表明,做人除了认真,还要有真才实学,这样才能把事情做好,才能真正获得尊敬。

师:从你的发言中,我看到"言传身教"的价值,优秀的老师不仅传授知识,还以行动给学生潜移默化的影响。你的感悟对我们都有启发啊!

生:我补充一下,徐老师会编教材,会朗诵,也是令人佩服的真本领。

师:说得好。这样的好老师对梁实秋以后成为大作家、大学者并非没有促进作用的。

生:从选辑教材这件事上,我猜测梁实秋也许会明白,做人做学问不能把自己埋在故纸堆中,关在书斋里,与现实社会脱节,而应该纵观古今,思想开通,重视社交。

师:这个解读新颖独到,合乎文意,值得我们思考。

1. 跟自己同课异构,为学生一文多教——以《我的一位国文老师》为例

师:同学们对梁实秋所得"益处"的理解很到位,这说明他的记叙是很成功的。看这篇文章,我想起了梁实秋的另一篇著名散文《记梁任公先生的一次演讲》,这篇作品记叙了梁启超在清华大学演讲的精彩场景。下面我们来看这篇作品的两个片段,比较其写法与课文有什么异曲同工之处:(投影)

(一)他走上讲台,打开他的讲稿,眼光向下面一扫,然后是他的极简短的开场白,一共只有两句,头一句是:"启超没有什么学问——,"眼睛向上一翻,轻轻点一下头,"可是也有一点喽!"这样谦逊同时又这样自负的话是很难得听到的。

(二)先生的讲演,到紧张处,便成为表演。他真是手之舞之足之蹈之,有时掩面,有时顿足,有时狂笑,有时叹息。听他讲到他最喜爱的《桃花扇》,讲到"高皇帝,在九天,不管……"那一段,他悲从中来,竟痛哭流涕而不能自已。他掏出手巾拭泪,听讲的人不知有几多也泪下沾襟了!又听他讲杜氏讲到"剑外忽传收蓟北,初闻涕泪满衣裳……",先生又真是于涕泗交流之中张口大笑了。

生:梁实秋先生善于抓住人物最传神最有特征的神态、语言、动作,如梁启超演讲的开场白写得就很生动形象。

生:第二个片段也是这样的。

师:同学们目光敏锐,所言极是!

生:梁实秋写人既指明人物特征,又有生动描写作证明,这样重点突出,形象鲜明。如第一片段用议论直接挑明梁启超谦逊又自负的特征,文意清楚。有生动的描述做基础,人物形象并不干枯乏味。

师:同学们,你们想写出好作文吗?

生:想。

师:那好,我们今天不妨向梁实秋学习,捕捉一个人最典型的特征并生动表现出来,一百字左右即可。(投影)

生:我初三时的班主任老王很珍惜我们的时间。有一天早晨,我们走进教室,愣住了。课桌排得整整齐齐,整体换位置了。老王看我们一脸惊诧,却笑而不言。后来从巡夜的保安那里传来消息,老王在晚自修下课后一个人搬桌子,直到半夜才回家。问他为什么不让学生自己搬桌子,他说,学生中考复习很紧张,他搬可以节约学生的时间,让他们多休息一会儿。我爸说,像这样心里装着学生的老师,他只在小说里看到过。

师：这个语段与梁实秋的作品风格接近。鲁迅先生曾说过"好文章不是写出来的，而是改出来的"。曹雪芹也说，他"披阅十载""增删五次"后《红楼梦》才定稿。我们能不能把这个语段再改改，做一点优化？

生：我觉得第一句有点啰嗦，"初三"与下文"中考复习"重复；人物特点写得太细小，"珍惜我们的时间"写得太实。我建议改成："班主任老王对我们的好是做出来的。他喜欢不声不响地行动，事后也不拿着大喇叭逢人就说，生怕地球人知道是他做的。"

生："问他为什么不让学生自己搬桌子"表述也不够简洁，也许可以改成："保安不解。"

师：前一位同学改得更生动，更幽默，后一位同学改得更简洁。果然，好文章是改出来的。这个语段再雕琢一番，应该会变得更精彩。时间有限，我们请下一位同学来展示作品。（投影）

生：这个月老爸接管厨房，我家的餐桌就"回到解放前"。这不，今晚每人一碗绿豆粥，下饭菜是一包榨菜、八只虾。爸妈一人一只虾，其余都归我。老妈嘴撅得像个瓢儿似的。我推辞，老爸就瞪起牛眼，扬起巴掌作势要打，我就半推半就地"笑纳"了。把收拾碗筷的这件大事郑重托付给我，老爸就拉着老妈去买衣服。回来时，两手空空。老妈叹口气说："再不减肥，我只能自己买布裁衣服喽！"老爸一听，朝我挤眉弄眼。

师：这位同学写的是自家的生活，大家读读看，是否需要修改？

生：我觉得这个语段虽然短，但充满生活的烟火味，给人亲切感，我看不出哪里可以修改。

生：这个片段中爸爸的形象很生动，爸爸为控制妈妈体重，竟然只买八只虾，而且只分给妈妈一只，这个细节太夸张了。而且爸爸故意拉妈妈去买衣服，让妈妈自己说要减肥，计谋得逞他还自得其乐。

生：这段话好像蛮幽默的，读起来有点意思，忘了想怎么修改。

师：同学们都说好话，势必我要挑一根刺儿。不过我不是徐老师，不会用大墨杠子大勾大抹，所以暂时放过它喽，也许课后再多读读，能想到修改提高的办法。

现在同学们有没有感到，《我的一位国文老师》真的值得我们好好学习，不断模仿？我们今天做了很有意义的尝试，同学们的表现很好。

今天这堂课，我们见识了徐老师为人处世的特色，对他肃然起敬。我们也领略了梁实秋先生生动有力的笔墨功夫,模仿着练了一招半式。大家觉得这堂课有收获吗?

生:有——

师:很好!我们课后完成两个作业:

一、如果清华大学校史馆要在"名师长廊"中展出徐锦澄的照片,请你给配一段200字左右的人物简介,素材来自梁实秋的《我的一位国文老师》。

二、请以《××二三事》为题,选一个熟悉的人,模仿课文写一篇600字左右的小文章,要借助外貌描写和事件记叙突出人物的形象特征。

这堂课到此为止。

同学们,再见!

(江苏省平潮高级中学　陈正燕)

2. 活用适切的语文方法,营造真学的生态课堂

——《我的一位国文老师》教学反思

教学自省

叶圣陶先生曾说:"教材无非是个例子,凭这个例子要使学生能够举一反三,练成阅读和作文的熟练技能……"有人解读为,高明的老师用教材教,而不是教教材。也就是说,老师的教学目标是练成学生阅读和作文的熟练技能。

《普通高中语文课程标准(2017年版)》开篇就强调:"语文课程是一门学习祖国语言文字运用的综合性、实践性课程。工具性与人文性的统一,是语文课程的基本特点。语文课程应引导学生在真实的语言运用情境中,通过自主的语言实践活动,积累言语经验,把握祖国语言文字的特点和运用规律,加深对祖国语言文字的理解与热爱,培养运用祖国语言文字的能力;同时,发展思辨能力,提升思维品质,培育社会主义核心价值观,培养高尚的审美情趣,积累丰厚的文化底蕴,理解文化多样性。"从指导性文件中的一段论述可见,语言的教学是高中语文教学的一项重要任务。

所以帮助学生学语言、用语言是语文课教学设计的重中之重,前文的《我的一位国文老师》课例就贯彻了这样的理念。

当然,空洞地讲授语言知识也会让语文课失去生机活力,失掉语文的影响学生情感态度价值观的重要功能。江苏省语文特级教师王开东说:如果课堂没有思想,课堂不指向人的生命的丰盈和精神成长,仅仅学习到一些僵化的很可能一辈子也用不上的知识,其意义和价值在哪里呢?所以语文课堂也要相机进行思想精神的扶植。

在教学内容的选择、教学难度的确定方面,教师也要准确把握学生的能

2. 活用适切的语文方法，营造真学的生态课堂——《我的一位国文老师》教学反思

力水平，教学设计实施过程中，要让大多数学生"跳一跳够得着苹果"，从舒适区够到恐慌区。就此，福建师范大学孙绍振教授曾说："在语文课上重复一望而知的东西，我从中学时代对之就十分厌恶。从那时我就立志，有朝一日，我当语文老师一定要讲出学生感觉到又说不出来，或者以为是一望而知，其实是一无所知的东西来。"

基于以上三点考虑，笔者认为语文教学要践行"真教"的教学理念，这个理念是南通市特级教师戴继华提出的教学主张。"真教"的主张取意于"千教万教教人求真"，以真教培养真人。"真教"主张指向提升学生语文核心素养，以课程特征、教材价值、教情学情等为基础，注重用适切的方法教语文。戴老师指出，语文教学一定要使用语文的方法，语文的方法也就是适合语文课堂、彰显语文课程特点的方法。

《我的一位国文老师》是梁实秋先生的一篇回忆老师的散文，幽默生动，脍炙人口，深受人们的喜爱，也是语文公开课常选篇目。

文中所描写的徐老师形象特征鲜明，他相貌平平，擅长教学，对学生十分严厉。梁实秋从徐老师那里受益很大，以至于五十年后还不能忘怀。这样的文章阅读难度不大，教学价值在哪里？戴老师指导笔者：语言，教语言！

笔者仔细领会，悟出两点理由。

第一点，文章内容不复杂，主旨也不难理解，即便是初一同学阅读也没有困难，如果在这方面花太多力气，课堂容易失去挑战性而激不起高中学生的探究兴趣。第二点，这是由语文课程的本质属性决定的。毫无疑问，工具性与人文性的统一是语文课程的基本特点，但人文性并不为语文课程所独有，工具性才是语文课程的本质属性。课程标准指出，语言建构与运用是语文学科核心素养的基础，学生思维发展与提升、审美鉴赏与创造、文化传承与理解，都是以语言的建构与运用为基础的，并在学生个体言语经验发展过程中得以实现。

所以两堂课都以语言的学习为教学重点，两堂课都兼顾思维的训练和价值观的引导，但两堂课又各有侧重。课例一侧重品析语言的训练，理性色彩更浓一些；课例二侧重运用语言的训练，课堂更感性灵动。

下面对两课例贯彻"真教"主张的得失谈几点浅见。

一、炼字品句，涵泳体悟

在课例一中，老师设置情境，要求学生讨论是否接受徐老师来任教这一

话题,目的是引导学生深入了解徐老师的形象特点。刚开始学生多从相貌角度谈自己的态度,于是执教者提醒结合文本从其他角度谈。于是有学生抓住"正当防卫"品析以读懂徐老师。该生从词义出发,从而断定梁实秋用这个词语就是对徐老师凶悍行为的肯定。不仅如此,该生还具备涵泳体悟的功夫,细读国文课上学生的懒散表现、其他老师的敷衍了事的做派,从而解读出徐老师敬业爱生的形象特点。这样通过炼字品句、涵泳体悟来解读文本算是抓住了文本解读的牛鼻子。学生的良好阅读习惯养成与执教者平时的引导是分不开的。

二、比照参读,深悟异同

在课例二之中,为了更加突出梁实秋写人的手法特点,便于学生学习模仿,执教者选梁实秋另一名篇《记梁任公先生的一次演讲》中的两个片段展示给学生,让学生拿它们与课文比照参读,学生比较后发现梁实秋先生善于抓住人物最传神最有特征的神态、语言、动作,如梁启超演讲的开场白写得就很生动形象。梁实秋写人既指明人物特征,又有生动描写作证明,这样重点突出,形象鲜明。如第一片段用议论直接挑明梁启超谦逊又自负的特征,文意清楚。有生动的描述做基础,人物形象并不干枯乏味。当然梁实秋先生的作品优点可能还有很多,学生能发现的更为重要,这些特点大概是他们在仿写中更能用得上的。

三、读写结合,双轮驱动

诚如叶圣陶先生所言,阅读和作文是学生应该具备的技能。语文课堂上应该把读写作为教学设计的重点。课例二设计以读促写,以写促读,以期待读写互动,双轮驱动,促进学生语文素养的养成与提高。

例如,文中对徐老师的外貌描写极有特色,是梁实秋散文的亮点,也是容易引发思辨的焦点。所以执教者设计让学生改写这个语段,改变其感情倾向,由调侃变为敬重,这样遣词造句就要变化,这就需要学生首先对原文内容进行取舍、转述。要取舍就得细读文本,选出需要删除或改写的语句。下一步是动笔改写挑选出的语句,还要避免改变原文意思。最高要求是,尽量做到改写后语体风格与全文接近,也就是尽量模仿梁实秋先生的笔法,保持生动形象、幽默风趣的风格。执教者让学生展示自己的改写作品,再组织大家品评,引导学生修改升格。这个过程真的做到读写结合,学生的创造力得到锻炼和释放。在改写活动后,执教者再引导学生讨论,这个外貌描写段有丑

2. 活用适切的语文方法，营造真学的生态课堂——《我的一位国文老师》教学反思

化老师的嫌疑，是否应该删除。这个讨论指向阅读理解，也指向写作构思，这样的讨论对于学生综合素养的提升无疑是有益的。

四、结束语

语文学科核心素养是学生在积极的语言实践活动中积累与构建起来，并在真实的语言运用情境中表现出来的语言能力及其品质；是学生在语文学习中获得的语言知识与语言能力，思维方法与思维品质，情感、态度与价值观的综合体现。它主要包括"语言建构与运用""思维发展与提升""审美鉴赏与创造""文化传承与理解"四个方面。正因为有这四方面内涵，语文课程才有明晰的十二大目标。

那么四方面、十二大目标如何实现？很大程度上，要依托一节又一节具有"真教"属性的语文课堂。因此，认真践行"找准原点，用对方法"两大法宝，"真教"就能真正发生；长期坚守并不断优化，"真教"就可成为课堂常态。

（江苏省平潮高级中学　陈正燕）

3. 真教，阅读与写作的津梁

——《我的一位国文老师》实录、反思、点评

摘　要："真教"是指向学生语文核心素养，以课程特征、教材价值、教情学情等为基础，践行适切的方法的语文课堂教学。它是"真学"的前提，是学生生成语文核心素养的关键。"真教"能架起阅读与写作的津梁。

关键词：真教　阅读　写作　津梁

"真教"，顾名思义，真正地教，符合规律地教，它是"真学"的前提，是学生生成语文核心素养的关键。要想让"教"真正地发生，至少要考虑两个方面的因素，一是基于什么来教，另一个是用什么样的方法教。为了探究"真教"的内在机理，及其对培养学生阅读、写作素养的意义，我们姑且以《我的一位国文老师》教学实录为例，试作分析。《我的一位国文老师》是梁实秋先生的一篇散文，收编在苏教版高中语文选修教材《现代散文选读》中。

课堂再现

《我的一位国文老师》课堂实录

师：今天我们一起学习梁实秋先生的散文《我的一位国文老师》。这篇文章大家高一时学过，所以课前我围绕以下四个方面做了个调查。（课件展示：对《我的一位国文老师》那节课你印象最深的是什么？A.关于自己的语文老师，老师的模样、话语 B.关于文本，梁实秋先生或徐老师 C.关于课堂过程 D.关于其他）调查结果显示，选A的有1人，选C的有2人，选D的有2人，剩下的43名同学都选择B。可能有同学要说，"老师，我也选A来写的，怎么不在

3. 真教,阅读与写作的津梁——《我的一位国文老师》实录、反思、点评

这1人之中?"其实你写的内容还是关于徐老师的,也就是你没理清 A、B 两项之间的侧重点,A 项是指当时给你们上课时的语文老师。我们来看一下真正围绕 A 来写的同学的文字。(课件展示)请写这段文字的同学告诉我,你写的是哪个老师?

生:是我们的语文老师——肖老师。(学生笑)

师:(做惊讶状)我也猜过这是肖老师,但又不确定。虽然我听过肖老师几堂课,但跟你们相比,我觉得你们更了解她,这位同学观察得很仔细。通过这个调查,我们发现,一堂课让大家印象深刻的是"人"。因此本堂课教学目标设定如下。(课件展示:1. 通过语段的涵泳,把握人物的个性;2. 引导学生抓住富有个性化的特征、细节、语言来写活一个人。)

师:徐老师令你们印象最深的是什么?

生:长相搞笑。

生:严厉。

生:关心学生,教学生写作文。

生:不拘小节。

师:你们觉得作者起初对老师最深的印象是什么?

生:凶!

师:因此学生戏称他为——

生:徐老虎。

师:徐老虎凶在哪里呢?

生:一个是凶在外貌上,一个是凶在举止上。第三段最后说老师总是"绷着脸",这是外貌上的凶;"老是开口就骂人",这是举止上的凶。

师:概括得非常好,懂得抓住文中的关键语句。那么有没有具体的描写呢?

生:关于举止上的凶,徐老师骂人,在文中第四段有具体的叙述;关于外貌上的凶,在文中第二段也有描写,说他长得"像个夜叉"。

师:夜叉啥模样?

生:注释上说,指恶鬼。

师:这跟我们心目中温文尔雅的语文老师一样吗?

生:完全不同。

师:这是一个非同寻常的语文老师,也是一个极为真实的语文老师。这位同学找得准,概括得好。老师面相凶,终日绷着脸,甚至还开口骂人,他为

什么要这样？

生：在这种糟糕的情形之下，徐老师之所以凶，老是绷着脸，老是开口就骂人，我想大概是由于正当防卫吧。

师：哦，是由于正当防卫。什么是正当防卫？请我们班政治课代表给大家解读一下。

生：我觉得正当防卫是指受到攻击或人身受到伤害时所做出的反应。

师：不愧是政治课代表。那当时情形怎样糟糕？徐老师什么正当权益受到侵犯了？能不能概括一下当时的情形？

生：三个方面体现糟糕的情形，"课堂上常是稀稀拉拉的不大上座，但教员用拿毛笔的姿势举着铅笔点名的时候，学生却个个都到了，因为一个学生不只答一声'到'"，体现学生欺骗老师。"真到了的学生，一部分是从事午睡，微发鼾声，一部分看小说如《官场现形记》《玉梨魂》之类，一部分写'父母亲大人膝下'式的家书，一部分干脆瞪着大眼发呆，神游八表。有时候逗先生开玩笑"，体现了学生不尊重老师。"国文先生呢，大部分都是年高有德的，不是榜眼，就是探花，再不就是举人。他们授课也不过是奉行故事，乐得敷敷衍衍"，这是说其他老师不负责任，敷衍行事。

师：一直以来都这样吗？

生：不是，还有一点原因，"我的学校是很特殊的。上午的课全是用英语讲授，下午的课全是国语讲授。上午的课很严，三日一问，五日一考，不用功便被淘汰，下午的课稀松，成绩与毕业无关"，这是学校制度使然。

师：你分析得有理有据，比我概括得好。我只概括了两点，没有你清楚全面。（课件展示：学校课程设置尊崇英语，轻视国文；学生在课堂上有不尊师重道的现象。）（资料链接：梁实秋《清华八年》片段）

师：从这个片段，我们能更具体地看到当时糟糕的情形。那么老师什么正当权益受到侵犯了？

生：为人师所应受到的尊重。

师：一语中的。这个时期学生藐视国文课堂，不尊重老师，所以老师做出了一些看似不应该的行为。那老师骂学生什么了？（请一个同学读一下"你是什么东西？我一眼把你望到底"这句话。）

师：读得很好，你觉得你是用怎样的情绪骂梁实秋的？

生：借着酒劲骂出来了。

3. 真教,阅读与写作的津梁——《我的一位国文老师》实录、反思、点评

师:你的意思是老师借酒发泄一下不满?再请我们班著名的"相声演员"读一下。

师:有扎实的基本功,抑扬顿挫,铿锵有力。你觉得徐老师当时说这话是什么意思?

生:我的想法跟他差不多。

师:对学生不尊重老师的不满。同学们事后是怎么取笑梁实秋的?(学生齐读)

师:这跟徐老师说的一样吗?

生:不一样,语序变了。

师:对,语序变了。请小组讨论一下:"我一眼把你望到底"与"我把你一眼望到底"含义是否相同?(学生讨论)

师:请这一组的王诗萌同学说说看。

生:我还没想好。

师:王诗萌,看着我的眼睛,"我一眼把你望到底",你有什么感觉?

生:感觉你的眼神很犀利。

师:"望到底",给你什么感觉?

生:心里很虚,自己很浅薄。

师:说得很好。徐老师说这句话,想告诉梁实秋:我很了解你,你还浅薄,要懂得谦虚。同学们嘲笑梁实秋时,为什么将"把你"调在前面先说?

生:同学并不是骂我,是借徐老师的话嘲笑我,为了突出嘲笑的对象,将"把你"放在前面表示强调。

师:说得好。对于别人的话,大家可以抓住关键的字词,体会说话者的目的和用意。(课件展示:国文先生呢,大部分都是年高有德的,不是榜眼,就是探花,再不就是举人。他们授课不过是例行公事,乐得敷敷衍衍。)

师:相比徐老师,你觉得其他的国文老师如何?

生:这些老师虽然很厉害,但他们不负责任,对学生不闻不问。

师:文中不是说他们大都年高有德吗?这怎么解释?

生:这应该是反讽吧,就像称徐老师为"徐老虎",也不是骂他,而是对他有威严的一种尊敬。

师:你分析得太好了,对其他国文老师可以用反讽的手法,对徐老师其实也采用了似贬实褒的写作手法。徐老师除了有德,还有什么过人之处吗?请

同学们再看这段文字。(课件展示:徐老师自己选辑教材,有古文,有白话,油印分发给大家。《林琴南致蔡孑民书》是他讲得最为眉飞色舞的一篇。此外如吴敬恒的《上下古今谈》,梁启超的《欧游心影录》,以及张东荪的《时事新报》社论,他也选了不少。这样新旧兼收的教材,在当时还是很难得的开通的榜样。我对于国文的兴趣因此而提高了不少。)

师:前面写了老师教我写文章、修改文章,为何还要写这一段?

生:说明他很认真。(资料链接投影)

师:看了这段材料,再跟其他国文老师对比,你觉得徐老师是个怎样的老师?

生:他为学生考虑,教学也是从学生角度出发。

师:结合时代背景,你再考虑一下?

生:他是个新旧兼收、开通的老师。

生:其他老师不敢为,他却敢为,敢担当。

师:我赞同这位同学的观点。在时代突变的洪流里,他能从几千年中华文化里跳出来,研究新文化,十分了不起。他还敢在自己的国文课上编辑新教材,让学生们接受新思想,这是何等的眼界!研究到这,请同学们再重新看看这个徐老师,他是一个怎样的人。请大家用类似"徐老师是一个虽然……但是……的老师"句式来概括。

生:徐老师虽然非常凶,但是他认真负责。

生:徐老师是一个非常严肃但有责任、有担当的老师。

生:徐老师是一个爱发脾气但是很有才华的老师。

师:我也认为徐老师是个有才华的老师。还有吗?

生:徐老师是一个很严厉但是很敬业、很博学的老师。

生:徐老师是一个样貌虽然很凶但是很为学生着想的老师。

师:我们通过抓关键语句,分析徐老师,研究老师行为背后的原因,读出了老师骂人话语的弦外之音,这些分析使得我们走近了徐老师。走近一个人,才能把一个人写得跃然纸上,写人的关键是把人写活。想不想试试写活一个人?

生:(齐声)想。

师:在动笔之前,我们先来做个游戏。请两位同学上台。(两个学生上台后)请你们先在心中默念一个同学姓名,然后将他的姓名写在卡片的背面,再用最简洁传神的词语形容卡片上的同学,让大家一起猜猜他是谁。用词最少

并且被大家猜对的一方获胜。(两个学生上台,写好同学姓名)

生1:大个子。

生2:头挺圆。

众生:乔威。

师:哇,没想到你才用一个词,大家就都猜到了。看来你抓住了乔威同学最大的特点。

师问生1:你总结一下,你为何输了?

生1:我给的形容词太宽泛,没能一针见血地抓住人物特点。

师:对,写活一个人,首先要抓住这个人物的典型外貌特征、典型动作或典型个性来写。下面大家结合梁实秋先生另外两个写人的片段(投影),用两三句话写活一个人。(学生写完展示)

生:讲到激动之处,便是陡然拔高嗓门,两眼瞪圆,如平地一声惊雷,炸响在连空气都弥漫着睡意的教室里。(众生笑)

师:两眼瞪圆,你们写的肖老师的这个特点应该是她上课最传神的一幕了。很好,大家掌声鼓励。

生:她的笑声很爽朗,在十步之外就能清晰地听到她的笑声,笑的时候脖子还会向后微倾。

师:这又是写谁啊?

生:还是肖老师。

师:你抓住了她生活的一个细节——爽朗的笑声,观察很仔细!

生:他外表白白胖胖,笑起来摇摇晃晃,好似弥勒佛,动如不倒翁。

师:又是肖老师?(一个学生指着身边的同桌,众学生大笑。)

师:你的语言很凝练,写活一个人除了抓住这个人的特点外,还可以运用或生动或幽默或恰当的修辞手法加以润色。

师:这一节课我们重选角度品评文章,走近梁实秋笔下的徐老师,同时我们也真切感受到了梁实秋先生幽默风趣的写作风格。相信大家一定会对他非常好奇,所以课后推荐大家阅读《雅舍小品》和《清华八年》。

(江苏省南通市天星湖中学 刘 丹)

教学自省

一、课前调查的"真"意图

我一直非常好奇：我们语文老师，一节语文课到底给学生什么样的影响？这影响会有多大？能持续多久？

我这次执教的是《我的一位国文老师》，借班上课且跟另外一位老师同课异构，而且学生们在高一已经学过，因此带着上面一串串的疑问和好奇，我决定做个调查，调查一下他们在当年的那节课中到底收获了什么。这并不是对他们当年授课老师的不信任和挑衅，我只是想给学生主动的权利，他们可以在既有的认知和兴趣基础上选择和表达，同时我希望他们能感受到老师的真诚。

二、教学情境场的"真"设置

教学情境场，不是或者说不仅仅是情境导入，而是强调课堂始终在这个场域之中。费孝通先生在《乡土中国》中曾言：文字的发生是在人和人传情达意的过程中受到了空间和时间的阻隔的情境里……"特殊语言"不过是亲密社群中所使用的象征体系的一部分，用声音来作象征的那一部分。在亲密社群中可用来作象征体系的原料比较多。表情、动作，因为在面对面的情境中，有时比声音更容易传情达意。即使用语言时，也总是密切配合于其他象征原料的。

所以在调查得知学生们对梁实秋先生笔下的徐老师特别感兴趣后，我在教学设计中用师生对话的方式还原文本描述的课堂情境，带领学生品味文字中活生生的人物，这样的真实情境场更能让学生把握文字中的徐老师的形象特点；同时我提供梁实秋先生《清华八年》里的材料，营造当年清华学堂办学的情境场，让学生在接近真实的情境场里体会徐老师对国文、对师道尊严的在乎和维护。

这节课还有一个重要环节，是让学生学习梁实秋刻画人物的笔法并给自己的老师或同学画个像。说实话，当学生们读出他们描写人物的文字时，同学们大都会心一笑,偶尔齐刷刷地将目光投向某位同学,我循着大家的目光,观察那位被关注的同学,他的表情、神态、模样的确和别人描述的一样;当有同学读他的练笔文字时,我发现同学们都刻意掩藏他们内心的喜悦,那时我已猜到写的是他们的语文老师,他们语文老师的模样在我脑海里、在同学们的脑海里都越来越清晰,这都是学生们用他们传神的文字给我们再现了一个个近乎真实的情境场。

三、让生命在课堂上"真"生长

语文教学的真境在于用语文学科的特殊性来滋养生命,认识生命的宝贵和美丽,探索生命的方向与意义,促进生命意义的质的飞跃。自由开放的在场体验是真境语文课堂的场域,生成性动态意义是真境语文课堂的教学结果,创造力、想象力是真境语文课堂的价值追求。

这节课我创设多处自由开发的情境体验场,目的就是让每一个学生去体验梁实秋笔下的《清华八年》,让生命体验更丰富些,更精彩些;学生们从认识一个人到写活一个人,让他们用文字表达生命的有趣和美好;而无论是生命体验还是表达感受,都不能扼杀、抹杀在场学生的创造力和想象力,要充分尊重每一个生命的体验和表达。我让大家用类似"徐老师是一个虽然……但是……的老师"句式来概括,学生们基于自己的见识各抒己见,我没有否定任何一个学生的看法。他们能思辨地、多角度地看一个人,我觉得他们的生命体验比以前更丰富了些,认识也就有了变化。都说教育是润物无声的,一节课虽然不能给学生的个体生命带来翻天覆地、立竿见影的效果,但我相信生命之下,思辨的思维在跳跃,这就是生命"真"的生长。

当然,这节课细细想来,也有不足的地方。我是围绕"活生生的一个人"来设计的,有忽略"一群人"的地方。比如,可以在"认识一个人"环节少停留,多留点时间让学生"写活一个人"……,教学总有遗憾,唯有把此次的遗憾当作下节课的开始,才能离语文教学的真境越来越近。

(江苏省南通市天星湖中学　刘　丹)

同行点评

"真教"是指向学生语文核心素养,以课程特征、教材价值、教情学情等为基础,践行适切方法的语文课堂教学。如果以"真教"为视角来观察这节课,那么这堂课的亮点有如下几个。

一、教师的教是基于学情的教

一般地,选修教材是在必修教材学完之后,才开始接触。这班学生较为特殊,高一已经学习过这篇文章。于是为了找到精准的切入口,更为了确定合适的目标与教学内容,刘老师在课前做了个调查,调查之后发现,学生对于文本,尤其对作者和徐老师颇为关注,关注点在"人"。基于这样的兴趣点,老师顺势而为,明确了本堂课教与学的目标:1. 通过语段的涵泳,把握人物的个性;2. 引导学生抓住富有个性化的特征、细节、语言来写活一个人。这两个目标蕴含着两个问题,一是如何把握人物的个性,二是怎样写活一个人。目标或问题都来自学生,所有的教学活动都围绕目标或问题来展开,这样的教学就是"真教"。

二、教师的教是基于文本价值的教

能够编入教材,文本一定具有独特的价值。《我的一位国文老师》是梁实秋散文中写人的名篇,作者用风趣幽默而又饱含深情的笔调,刻画了一个貌丑性凶,但却敬业爱生的独特的老师形象。笔法独特,人物独特,作者用新奇的笔法描摹了"活生生这一个",文中值得挖掘的美点很多。这一切为刘老师基于文本价值的教学,提供了诸多选择。刘老师最终选择的是摹写,即通过对课文的学习,模仿课文将人物写活。意在通过阅读教学,来提高学生写作素养。事实上,刘老师做到了。像"讲到激动之处,便是陡然拔高嗓门,两眼瞪圆,如平地一声惊雷,炸响在连空气都弥漫着睡意的教室里"一句,将老师上课的神态、动作及其效果,写得生动极了;像"他外表白白胖胖,笑起来摇摇晃晃,好似弥勒佛,动不如不倒翁"一句,将同学的体型、动作、神态写得惟妙惟肖。

3. 真教,阅读与写作的津梁——《我的一位国文老师》实录、反思、点评

基于文本价值的教,颇类似"用教材教",即"真教"。这堂课正是用"真教"架起了阅读与写作的津梁,事实证明,也只有"真教",才能将叶圣陶"教材无非是个例子"这句话的精髓落地生根、开花结果,学生基于语文课堂的素养,才能一步步提升。

三、教师的教是基于语文学科的教

基于语文学科的教,就是用语文的方法教语文。就这堂课来看,刘老师做得不错。如品味徐老师骂人的句子"我一眼把你望到底"的言外之意时,刘老师就用了三种语文的方法。

一是诵读求义。古人说过,诵读千遍,其义自现。刘老师先后请两位同学读,然后请他们说说徐老师这句话的含义。两位同学都觉得徐老师之所以这样说,是因为学生不尊重老师。为了引导学生思维走向深处,刘老师用了第二种方法:涵泳体悟。请留意这样一组师生对话。师:王诗萌,看着我的眼睛,"我一眼把你望到底",你有什么感觉? 生:感觉你的眼神很犀利。师:"望到底",给你什么感觉? 生:心里很虚,自己很浅薄。师:说得很好。徐老师说这句话,想告诉梁实秋:我很了解你,你还浅薄,要懂得谦虚。当学生发现徐老师所骂之句与同学嘲笑之句不一样时,刘老师又运用了第三种方法:比较参读,学生很快就明白了,同学们嘲笑梁实秋时,之所以将"把你"调在前面先说,是因为同学并不是真骂梁实秋,而是借徐老师的话笑话作者,为了突出嘲笑的对象,将"把你"放在前面以示强调。

四、教师的教是基于认知规律的教

当然,这里的认知规律是从学生角度说的。

如今,听语文公开课,我们仍会看到老师在课之始,介绍作者、概述背景,似乎没有这些环节,语文课就不成为语文课。我们并不全盘否定这样做的意义,但在这样做之前,一定要仔细想一想,这几个环节有没有价值,或者需要不需要。背景资料的呈现,要符合学生的认知规律。就这一点来看,刘老师也做得挺好。

如刘老师问当时课堂是怎样糟糕的情形时,学生引用课文里的话,分析了三方面的情形。一是学生欺骗老师:"课堂上常是稀稀拉拉的不大上座,但教员用拿毛笔的姿势举着铅笔点名的时候,学生却个个都到了,因为一个学生不只答一声到"。二是学生不尊重老师:"真到了的学生,一部分是从事午睡,微发鼾声,一部分看小说如《官场现形记》《玉梨魂》之类,一部分写'父母

亲大人膝下'式的家书，一部分干脆瞪着大眼发呆，神游八表。有时候逗先生开玩笑。"三是其他老师不负责任，敷衍行事："国文先生呢，大部分都是年高有德的，不是榜眼，就是探花，再不就是举人。他们授课不过是奉行故事，乐得敷敷衍衍"。就课文提供的信息而言，学生的分析概括很到位，甚至超过了老师。但为了让学生更深入了解彼时情景，刘老师提供了梁实秋的《清华八年》片段。

再如，为了让学生摹写更方便，刘老师还展示了梁实秋先生另外两则写人的片段。在学生最需要的时候展示背景资料，很好地契合了学生的认知规律。

如果从阅读与写作的迁移点、教学重心的聚焦、教学环节的设置等几方面加以审视，这堂课仍有较大的提升空间。这种优化，能让"真教"在培养学生语文核心素养方面，发挥更大效益，具体包括这样几方面。

一、阅读写作的支点，尚需进一步精准化

让我们回顾这样一段实录：

师：我们通过抓关键语句，分析徐老师，研究老师行为背后的原因，读出了老师骂人话语的弦外之音，这些分析使得我们走近了徐老师。走近一个人，才能把一个人写得跃然纸上，写人的关键是把人写活。想不想试试写活一个人？

生：（齐声）想。

师：那在动笔写之前，我们先玩一个小游戏。请两名同学上来，请他们在一张纸背后写上一个同学名字，然后用词来形容这个人，谁用词最少又让同学猜到，谁获胜。（两个学生上台，写好同学姓名。）

生1：大个子。

生2：头挺圆。

众生：乔威。

师：哇，没想到你才用一个词，大家就都猜到了。看来你抓住了乔威同学最大的特点。

师问生1：你总结一下，你为何输了？

生1：我给的形容词太宽泛，没能一针见血地抓住人物特点。

师：对，写活一个人，首先要抓住这个人物的典型外貌特征、典型动作或典型个性来写。下面大家结合梁实秋先生另外两个写人的片段（投影），用两

3. 真教,阅读与写作的津梁——《我的一位国文老师》实录、反思、点评

三句话写活一个人。

这段师生对话,就是老师引导学生由阅读走向写作的过程。虽然是微写作,但这样的迁移,还是显得粗疏了些。一是,老师所提到的典型外貌特征、典型动作或典型个性,三者从内涵上讲并不在同一层面,而且外貌、动作可以表现个性,不宜将之并列;二是,除了这三个,语言、神态要不要写,可不可写?为什么不将它们列入?三是,老师所说的三者仅仅是写作内容或角度,那么怎么写?也就是关于写作方法,老师并没有明言。总而言之,这样的迁移,缺少指导性,而且老师的说法与她展示的第二个教学目标不一致,更没有对背景资料进行分析归纳,导致部分学生对接下来的任务并不是很明白。

其实,向梁实秋学写作,更多的是学写作方法,而不是学写作内容或角度。像欲扬先抑、反讽、细节描写等描写方法,比喻、夸张等修辞,以及幽默风趣的行文风格等,都值得品味,学以致用。这些方法应该是教学这篇课文过程中,以阅读促写作的迁移点。在学生练笔前,老师可引导学生略作梳理,以便运用。

二、教学重心的把握,尚需进一步明晰化

在课堂开始不久,刘老师即明示本节课目标:1.通过语段的涵泳,把握人物的个性;2.引导学生抓住富有个性化的特征、细节、语言来写活一个人。两个目标哪个是重心?

笔者以为,第二个目标是重心。为什么?有两个理由。一是,该班学生在高一时已经学过这篇课文,而且他们高度关注的就是作者与徐老师,应该说徐老师的个性,学生已知晓一二,不需要花过多的时间。二是,阅读是手段,写作是目的,因为写作实际上就是四大核心素养之一的"语言建构与使用"。有鉴于此,这堂课的重心应该是目标二。

实际上,课堂上给第二个目标留出的时间,尚不足整堂课三分之一。学生真正思考写作的时间较少,拿出来展示的仅有4个同学,对学生展示的作品也只有老师点评,生生互动就没有了。因此对徐老师到底是一个怎样的人的分析,要大幅压缩时间,同时将一半多的时间留给第二个目标的达成,也可以弥补写作指导的缺失。

三、教学环节的设置,尚需进一步简约化

在写记叙文、散文时,我们知道与中心无关的材料一概不要。上课如同写作,也要遵循这个原则,没有价值的环节一概不要,将时间留给有价值的环

节,这样的课就显得干净有力。什么属于有价值?简单地说,就是指向教学目标、指向学生素养生成的就有价值。如此看来,这堂课有些环节要删掉。

如课堂开始这一段:

师:……可能有同学要说,"老师,我也选 A 来写的,怎么不在这 1 人之中?"其实你写的内容还是徐老师,也就是你没理清 A、B 两项之间的侧重点,A 项是指当时给你们上课时的语文老师。我们来看一下真正围绕 A 来写的同学的文字。(课件展示)请写这段文字的同学告诉我,你写的是哪个老师?

生:是我们的语文老师——肖老师。(学生笑)

师:(做惊讶状)我也猜过这是肖老师,但又不确定。虽然我听过肖老师几堂课,但跟你们相比,我觉得你们更了解她,这位同学观察得很仔细。

这个环节已经和学情无关,也不关照后面教学目标的达成,所以应该删掉。

再如,在学生动笔写作之前,两个学生玩游戏的那个环节,也大可以不要。游戏虽有趣,但是挤占了时间,可以将这部分时间用来总结写法、指导写作。

结合前面两方面问题来看,这堂课的教学流程,其实可以分三个板块:徐老师是一个怎样的人?作者是如何写他的?我们能否模仿梁实秋写一个活生生的人?第一板块时间少点,重点放在第二、三板块。这样,课堂就更显紧凑,而又不失精致。

(江苏省南通市天星湖中学　戴继华)

4. "凹",撬动文本深耕的阅读支点

——《一棵小桃树》课堂实录

课堂再现

【设计创意】

1. 以"凹"切入,巧选支点。

阿基米德说:"给我一个支点,我能把地球撬起。"巧借《一棵小桃树》的作者名字"凹"为阅读的支点,透视作者名字从"娃"到"凹"一字之改的用意,激发学生的兴趣和好奇心,撬动学生由字及人、由树及人的阅读思考。

2. 删"小"比较,精解题旨。

展示题目"一棵桃树",让学生在阅读中纠误,在比较中发现"一棵桃树"和"一棵小桃树"因一个"小"字而产生的词间停顿、声调起伏及感情舒缓的变化,深入解读"小"凝聚的作者对这棵桃树的特殊感情。

3. 多重对话,深度打通。

将笔者20多年前教的人教版作者原题《我的小桃树》和目前所教的部编版编者附题《一棵小桃树》进行对比,立足语文核心素养的培养,打破传统阅读教学视觉角度,搭建读者与文本、读者与"小桃树"、读者与"奶奶"、读者与作者、读者与编者、读者与自己的多维对话平台,引领学生在阅读中深度思考,建立多维链接,实现对《一棵小桃树》的立体解读。

【教学目标】

1. 分析小桃树的形象。
2. 品味作者对小桃树的思想感情。

【教学过程】

师:同学们好,昨天大家预习了第18课,这篇文章的作者是谁?

(课件展示作者名字:贾平凹)

生1:贾平凹 āo,小学老师教的时候"凹"读 āo。

师追问:你能组个词吗？凹凸。

生2:贾平凹 wā,我查找了作者的简介,读 wā。

生3:在小学生必背古诗75首中,就有作者的名字读 wā。

生4:老师,我也查了资料,有记载:作者的母亲叫他贾平凹 wá。

师:你们真棒,都做了认真的课前阅读,而且对作者名字的读音都有自己的解释,老师觉得你们的回答都有道理,同学们还有不同的读音吗?

生:大多数学生摇头沉默。

师:好,那我们齐读作者的名字。

生:贾平凹 āo、贾平凹 wā、贾平凹 wá。(学生各抒己见)

师:看来同学们还是坚持自己的观点,现在请大家猜猜老师怎么读作者的名字呢?

(学生好奇地期待老师的答案)

师:老师先不告诉大家,我们先一起看一下作者名字的由来。

[课件展示:贾平凹,当代作家,生于陕西省一个偏僻落后的小山村。原名贾平娃,父母希望他平平安安,可是贾平娃长大以后将自己的名字改成了贾平凹 wā。凹是一个汉字,拼音为 āo。凹有两个意思,即周围高,中间低,与"凸"相对;意同"洼"(多用于地名)。]

师:同学们,你们从这段文字中读出了什么?

生2:老师,作者的母亲叫他贾平娃,凹 wá 和"娃"读音相同。

生4:我也查了词典,"凹"没有 wá 的读音,我们只有在读作者名字的时候才读 wá,是吗?

生5:老师,其实"贾平凹"是作者自己改的。

师追问:改了什么？

生5:把"娃"改成了"凹"。

师:同学们很善于思考,更棒的是能在检索资料中发现问题,真好！那么,作者为什么要把"娃"改成了"凹"呢?请同学们思考。

生6:"娃"是作者小时候家乡人对小孩的称呼,作者长大了觉得土气,不

4."凹",撬动文本深耕的阅读支点——《一棵小桃树》课堂实录

好听。

师:嗯,我们也可以试着从"凹"字入手来分析一下。

生7:老师,刚才课件上说"凹"即周围高,中间低。"凹"意同"洼",坑坑洼洼。是否可以理解为作者成长经历非常坎坷,经历了坑坑洼洼呢?

师追问:说得好,那么老师也想问你一个问题,作者在文章中直接写了自己坎坷的经历了吗?

生7:没有,作者是借一棵桃树的不幸经历来写自己人生的坎坷经历。

师:哦,你的思考很独特呀,也就是说作者用这棵桃树的生长之"凹"来写自己的人生之"凹",可以这样理解吗?赞同这种想法的同学请鼓掌表示一下。

(一片掌声)

师:这棵桃树经历了怎样的不幸呢?今天我们就一起走进贾平凹的这棵桃树。大家一起把题目读一读。

(课件展示:一棵桃树)(学生齐读)

师:好,请同学来读一读题目。

生8:一棵桃树。(低声平淡)

生9:一棵桃树。(没有感情)

师:同学们,听、读时你发现了什么?

生10:少了一个"小"。

生8:一棵小桃树。(突然站起来,大声朗读)

师:咦?同学们,你们觉得加了"小"后,题目听起来有没有什么变化?

生9:有。

师:那你再来读一读。(教师板书:一棵小桃树)

生10:一棵小桃树(三个词间有停顿、声调高低变化且有感情)

师:就是因为加了一个"小"字,"一棵"和"桃树"在朗读时都明显附着了感情。什么感情呢?

生11:怜悯!(板书:怜悯)

师:现在,让我们怀着对小桃树的怜悯之情一起朗读一下题目。

生:一棵/小/桃树(学生齐读,语调低轻、节奏舒缓,读出了对小桃树的怜悯之情)

师:小桃树的可怜源于它生长中遭遇的不幸(凹),请从文中找出相关的语句读出来。

生12:第二段"看我的小桃树在风雨里哆嗦……"

生13:第九段"我的小桃树开得太白了,太淡了,那瓣片儿单薄得像纸做的,没有肉的感觉,没有粉的感觉,像是患了重病的少女,苍白白的脸,又偏苦涩涩地笑着"。

师:你从这段文字中读出了什么呢?

生13:小桃树的娇弱、可怜和坚强。

师:你能把小桃树的这种形象读出来吗?

生13:(声情并茂地朗读)

师:读得真好,说明你真的读懂了小桃树柔弱可怜与不屈的形象。同学们,言为心声呀,作者在文中多处描写了小桃树的这些形象特点,请大家任选一处写下你的阅读赏析。先找一位同学来读一读老师准备的例句及赏析。(学生推荐)

课件展示:请同学们从文中找出描写小桃树外形的句子,用"这句话运用了(　　)修辞手法/修饰词,写出了桃树的(　　),表达我对桃树(　　)的情感"句式说话。

示例:纤纤的生灵,枝条已经慌乱,桃花一片一片落了,大半陷在泥里,三点两点地在黄水里打着旋儿。啊,它已经老了许多呢,瘦了许多呢,昨日楚楚的容颜全然褪尽了。

明确:这段话运用拟人的修辞手法,描写桃树经历风雨的可怜情状,形体的消瘦、苍老,表达我对桃树的怜惜、疼爱之情。

师:读得真好呀,大家给他掌声。其实,赏析时我们只要把作者的写作手法、写作内容和表达效果写出来就行了。下面大家开始自主赏析吧!(教师环视)

生14:第四段"它长得很委屈……瘦瘦的,黄黄的,似乎一碰便立即会断"。"瘦瘦、黄黄"这两个叠词的运用,写出了小桃树形体的弱小和颜色的枯槁,强调了小桃树生命的脆弱,表达了作者对小桃树的同情。

……

生15:第一段还有"爱怜",表达作者对小桃树不仅可怜、同情,还有喜爱和赞美之情。(板书:爱怜、赞美)

师:文中哪些语句表达了作者对小桃树的爱怜和赞美呢?请你读出来与大家分享。

生16：第九段"虽然长得弱小，可一夜之间竟开满了花呢"。这一句用了对比的修辞手法，突出了小桃树克服自身的困难努力绽放生命的不屈与坚强，表达了作者对小桃树的喜爱和赞美之情。

生17："雨还在下着，我的小桃树千百次地俯下身去，又千百次地挣扎起来。"这句话运用了拟人和反复的修辞手法，生动形象地写出了小桃树对抗风雨的坚持不懈和坚强不屈的精神，表达了作者对这棵外形弱小而内心强大的小桃树的喜爱和赞美之情。

师：我来读这个句子，你们听听是否读出了这种情感。"雨还在下着，我的小桃树千百次地俯下身去，又千百次地挣扎起来。"（教师平淡、无力地读）

生：不好。（齐答）

师：那你读一下。

生17：……（有感情地大声朗读）

师：你读出了小桃树的坚忍、顽强和不屈。

师：重读了哪个词？

生17：千百次。用两次列数字的方法突写出小桃树的坚强。

师：这篇文章是散文，列数字属于说明文体的术语，我们阅读时要有文体意识。这里反复用"千百次"这一数量词来形容数量之多，你再读一读，深刻感受小桃树的这种不屈的生命力。

生17：……（大声有感情地读）

师：真好，大声告诉大家：反复强调什么？

生18：千百次地俯下身，千百次地挣扎起来。

师：千百次地俯下身，千百次地挣扎起来。外界的风雨使它不断地低头、不断挣扎起来，文中多处写了风雨横行下的小桃树，请大家齐读第13段第一句。

师：大家读得很动情，同学们能否用几个四字成语来概括小桃树的精神？

生19：坚持不懈、不屈不挠。

生20：勇敢顽强、永不言败。（互动回答）

师：很棒！作者由可怜、敬佩到赞美小桃树。你们觉得作者此时对小桃树的情感已经到达了最高点了吗？

生21：没有。

师：文中哪些词语表达了作者对小桃树更深的情感？

生22:安慰(第14段)。

师:如果找一个词用于表达自己的感情,应该是哪个词?相信智慧的你们一定很快就会找到。

生23:感激。

师:你真棒!大家看第14段第二行的"感激",作者为什么感激它?

(同学交流、老师巡视)

生24:因为"我"在挫折中得到了小桃树的启示。

生25:第六段最后一句,"我的梦是绿色的,将来开了花,我会幸福呢"说明了小桃树给他的希望。小桃树让作者对幸福充满了希望。

师:"绿色的"说明这个希望是幸福的、富有生机的。这种希望可以变成现实,所以作者感激它。

生26:因为这种绿色象征着"我"。

生27:把小桃树比作奶奶,因为奶奶之前是对他最好的。

师:小桃树是奶奶送的,想起了有关奶奶的美好、温馨、幸福的回忆,作者看到小桃树后,睹物思人,怀念奶奶。

师:让我们走进贾平凹。(视频:《大家访谈》第九期:走进贾平凹)这是杨澜采访贾平凹的一段视频(贾平凹自述人生坎坷经历),老师把它截取下来了。刚刚我们说到作者为什么感激小桃树。结合视频,你想到了什么?

(课件展示:本文的写作背景是:1976年,"文化大革命"终于结束,在这十年期间,无数被时代耽误年华和奋斗机会的青年人开始反思,开始追求。作家贾平凹在这个大的时代背景下,运用托物言志的手法,以"小桃树"的形象来象征"文革"中成长起来的青年一代。通过它坎坷的出生、成长到迷茫和看到希望的描述,反映了青年一代在迷茫和探索中成长的真实历程。文章最后小桃树所孕育所保留的那一个花蕾,岂止是"风浪里航道上远远的灯塔",它更是青年一代胸怀大志、奋起直追、报效祖国的象征。基调,是一部作品的主要精神和作者的主要观点,是作品总体特征的表现。读了贾平凹的《我的小桃树》,我们不仅为作者清新、优美、含蓄的语言风格所折服,更为作者屡遭挫折却不屈服于命运,与命运抗争的精神所感动。这是作者感悟生活后思想感情的结晶。花和人都会遭遇各种各样的不幸,用火灼灼的桃花与残败的桃花对比,引出当代著名作家贾平凹的《一棵小桃树》。)

师:他长大到13岁时经历了什么?

4. "凹",撬动文本深耕的阅读支点——《一棵小桃树》课堂实录

生28:父亲去世。

师:作者家里经历了一些变故,同学们可以理解他为什么把自己的名字给改了。他和谁有着相似的经历呢?

生:小桃树。(齐答)

师:同学们,小桃树生长环境之狭小、形体之娇小、经历之坎坷(凹),但又坚强地努力绽放。读到此处,你觉得作者只是写小桃树吗?

生29:作者是借小桃树来写自己的。

师:这是一种怎样的写法呢?

生30:托物言志。(齐答)

师:那么什么是托物言志?

课件展示:托物言志是指作者在对事物进行描绘的过程中,非常巧妙地寄托个人的情感和志向,它具有含蓄美和朦胧美,给读者留下了丰富的想象空间。

举例:"松竹梅"岁寒三友,常用于表示高洁的志向,蜡烛常用于颂扬无私奉献的精神。总结这类文章的阅读方法。

师:请小组探究,总结托物言志这种写法的特点,学生代表发言。

(学生们讨论后,教师出示课件:1. 找准所托之物,把握其外形特征;2. 根据外形特征,分析内在品质;3. 找准物与志的相似点;4. 整体把握全文,揭示所言之志。)

师:使用托物言志的写法有什么好处呢?

生31:我觉得作者可以在描写事物的过程中,非常巧妙地寄托个人的情感和志向。托物言志的写法具有含蓄美、朦胧美,给读者留下丰富的想象空间。

师:他的回答太精彩了!掌声响起。

师:同学们,教科书105页中的单元提示引用了王国维的"以我观物,故物皆着我之色彩"。作者对小桃树有着深厚的情感,小桃树就是作者的化身和人生的缩影。同学们,我们可否把这篇文章的题目改成"我的小桃树"呢?

生:不行。(齐答)

师:为什么不行?

生31:因为改成"我的小桃树"的话,题目就仅仅揭示了文章的中心。"一棵小桃树"是给读者设计了悬念,让读者去思考。

师：太棒了，看来同学们读懂了作者对小桃树从可怜、赞美，到感激的感情变化。如果变成"我的"，那么主人公就直接变成了"我"，"我"就变成了小桃树的主人了，我们就感受不到悬念了，最重要的是作者要以托物言志的手法表达对人生的情怀和志趣。

师：现在老师给大家看一张图片，仔细看，有什么发现？

（课件展示：老师20年前执教的《我的小桃树》获奖证书）

生32：是"我的"不是"一棵"，和本文是同一篇文章吗？那题目是作者改的吗？（学生们开始思考）

师：同学们真聪明，20多年前，老师就讲过贾平凹的《我的小桃树》这篇课文，其实，从作者本心出发，小桃树就是作者生命的一部分，所以作者亲切地拟题为《我的小桃树》。对作者而言合情合理。教材的编者根据需要改了题目，大家比较一下哪个题目更好一些？

生33：噢，还是编者改得好，题目《一棵小桃树》，我们从中读出了小桃树的基本形态，也读出了小桃树的神态，读者一目了然。

生34：读了全文真的能让人感觉到小桃树就像一个坚强的人。

师：看来同学们有许多话要说，下面请同学们结合文本及自己的感受畅所欲言吧！

[课件展示：请以"小桃树（作者、编者、自己），我想对你说……"为开头，写出你的理解与收获。请任选一个对象，也可从文中自选，写读后微随笔，比比谁是本课的小达人。]

生35：我想对小桃树说："你要好好长下去。"小桃树很可怜，我想对小桃树说："无论后面的路有多困难，都要坚持不懈，勇往直前。"

生36：我想对小桃树说："小桃树你是作者生活中经历坎坷的缩影，你很少被关心，但奶奶的爱让你快乐成长，生命是顽强的。"

生37：我想对小桃树说："你要坚强，面对坎坷的一生，作者没有放弃，你也如此，你的这种精神，值得我们所有人学习。"

生38：我想对小桃树说："小桃树，你有这坚强的力量，不怕风吹雨打，你孤独地长着，你很坚强，也很勇敢，我为你自豪。"我觉得"一棵小桃树"描写得很好，可以让读者知道桃树的努力和坚强。

生39：我想对小桃树说："人的一生不可能一帆风顺，人亦如此，树也如此，只要有一颗坚持不懈的心，你一定能长高。"

生40：我想对作者说："你有这么丰富的小桃树记忆,真美好。"我觉得"我的小桃树"好,因为充满了"我"的回忆。

师：同学们,小桃树历尽千辛万苦,在风雨摧残中坚忍地成长,一如作者在那段岁月的人生坎坷,他们行路之"洼",命运之"凹",给读者强烈的震撼。同学们,人生之路会经历很多坎坷,唯愿我们心之原野也能伫立一棵小桃树,带给我们希望、坚强和对生命的思考。

师：下课！

（江苏省南通市东方中学　郭小平）

5. 基于学生：让"真教"落地有声

——《一棵小桃树》教学反思

教学自省

本课教学基于"真境"思想，努力引导学生贴近文本背景和作者写作视角。《一棵小桃树》的教学从一个看似很小的点切入课文，一切顺着语文的特点、文本的特质、学生的学情自然展开，在质疑、释疑的过程中走进文本，在自读、研读、赏读的递进中升华认知，鼓励学生充分自由表达，从而引领学生在体验语文中感悟人生。

一、聚焦问题——真思考

只有立足于真实学情的教学，才是有效高效的教学。学生对于细小的差别与变化的感受能力是很敏锐的，通过对一个"小"字和"凹"字的读音与象征意义的探究，读出"对小桃树的怀念"，读出了"小桃树和'我'的关系"，读出了"'我们'之间共同的经历"，读出了"'我'对奶奶的感情"，读出了"'我'的童心……"多种回答是学生对贾平凹散文意韵的充分挖掘，从而教师能对学生的真实学情做出大致判定。

通过展示题目"一棵桃树"，让学生在阅读中自主发现差异，在比较中总结出"一棵桃树"和"一棵小桃树"因一个"小"字而产生的外在朗读形式及内在情感起伏的变化，透过一个不起眼的"小"字，来解读作者对这棵桃树所凝聚的特殊感情。

我在带领学生学习《一棵小桃树》这篇散文的过程中，利用作者名字"凹"为阅读的出发点，与学生一起研讨作者名字从"娃"到"凹"一字之改背后的用意，激发学生学习的兴趣和探求答案的好奇心，启发学生由字及人、由树及人的多层次阅读思考。本节课的教学从引导学生发现问题开始，鼓励学生积极地思考、用心地讨论,通过学生的思考,一步一步地走近小桃树的生长过程,体悟作者在小桃树身上寄托的别样情感。

二、研读文本——品真情

《一棵小桃树》是一篇托物言志的散文。看似作家贾平凹在写小桃树的成长经历,实则是在写自我成长的过程。读懂这样一位有故事、有阅历的作家的散文,需要教师查阅大量的背景资料,从中筛选出最有利于开展课堂服务的内容。教师应从文本出发,基于学情,构建文本与学生、学生与作者、学生与教师、教师与文本、教师与作者的多维对话平台,积极促进学生多角度解读文本。

这堂课的教学深入挖掘"小桃树的形象"与作者之间的联系,多维解读作者对小桃树的情感。大凡经典散文名篇,无一不重视细节的打磨,因为"散文中这类地方,往往寄托着深意,要仔细体会"。教师应着眼于关键处,在点拨中让学生寻找文中隐藏的内容,从而完成课堂目标。在课堂的层层铺垫和逐步展开中,教师应适时地补充作者的背景资料,引导学生寻找小桃树与作者间的联系,结合学生自己对生活的感悟与体会,进一步挖掘作者的情感,自然地引出本课所运用的"托物言志"写作手法。课堂上真正做到鼓励学生发言,实现学生在教师引导下的有序讨论。学生在自由思考的空间里获得主动参与的自信心,提高学生学习语文的热情,让学生在开放有序的教学氛围中获得知识、技能与美的情感体验。

研读能够体现小桃树特点的细节描写,让学生用发现的眼睛去寻找关于小桃树的细节,也在潜移默化中让学生明白,要关注散文的细节,方可有机会去感悟作者个性化语言背后所蕴含的个性化的情思。同时,这样就又实现了从整体感知走进局部解析,从抽象的感觉走向了具象的文字,让学生在语言间穿梭体悟。做到了从文本中来,到文本中去,让学生真正地以语言为核心进行学习。教师通过品读描写小桃树在不同生长阶段中的重点语句,并用说话的形式体会出作者对小桃树寄托的情感。引导学生抓住一个词、一个句子,甚至一个标点符号等细微之处,让学生体验并陶醉于咀嚼语文的美好感受,品味文字里的深沉情感,真正地带领学生走进文本,在文字的深处慢慢欣赏、慢慢领悟。

三、赏鉴手法——真引领

叶圣陶先生曾经说过,阅读时,"要尽量去体验作品中美好的内容和形式,并陶醉于其中"。《一棵小桃树》这一课,在语言品析方面教师关注细微之处,让学生体验并陶醉于咀嚼语文的美好感受。在教师有目的的引导下,由表及里,借助追问层层深入,让学生自然而然地生成答案,让"学习"真正地发生。

本课最引人注目的写作手法当属托物言志,学生在教师补充相关背景资料的基础上,比较小桃树的成长和"我"的人生经历,通过还原作者的人生经历,双向比较,得知小桃树就是作者的化身,自然地引出这种手法就是托物言志。在整个课堂的教学过程中,要把独学、对学、群学贯穿于课堂始终,并有效地利用评价机制,使课堂效益最大化,通过打通多对关系,实现深入理解课文。

笔者将 20 多年前教过的人教版作者原题《我的小桃树》和目前所教的部编版编者附题《一棵小桃树》进行对比,巧妙地打破传统阅读教学视觉的角度,搭建读者与文本、读者与"小桃树"、读者与"奶奶"、读者与作者、读者与编者、读者与自己的多维对话平台,引领学生在阅读中深度思考,建立多维链接,实现对《一棵小桃树》的立体解读。通过教师有针对性的设计——"请以'小桃树(作者、编者、自己),我想对你说……'为开头,写出你的理解与收获",引导学生扩散思维,多元解读,拉近学生与文本、学生与作者之间的距离,让学生用自己的真情实感触摸文本,触摸人物思想,让学生在与作者灵魂的对话中碰撞出思想的火花。

(南通市东方中学　郭小平)

6. 线形设计、从容铺展、细琢品读、深入挖掘

——评郭小平老师的《一棵小桃树》

同行点评

郭小平老师这堂课有着"顺藤摸瓜"的线形设计,他从容有序地教学,细琢深究地品读,直击灵魂地挖掘,使这堂课灵动而富有语文味。

一、"顺藤摸瓜"的设计

从设疑导入到整体感知、认识小桃树的形象,再到分析作者对小桃树的情感变化,结合作者的自身经历和写作背景引出托物言志的写作手法,最后对比20多年前作者执教的《我的小桃树》和本堂课《一棵小桃树》进一步解读作者的精神世界。整个课堂环节的设计似顺藤摸瓜般环环相扣,如抽丝剥茧般层层深入,引领学生一步步地走进文本,理解文本。

在一些具体的细节上,我也能感受到郭老师打磨设计的用心。比如:选择名字"凹"为阅读的突破点,探究作者从"娃"到"凹"的改字用意,激发学生的求知欲,调动学生积极思考,自然流畅地引导学生结合作者经历来理解小桃树的形象。再如:展示错误题目"一棵桃树",让学生在朗读中比较"一棵桃树"与"一棵小桃树"因一个"小"字而产生的音调、停顿及感情的区别,引导学生深入探究一个"小"蕴含着的作者对这棵桃树的情感。又如:郭老师将20多年前曾教过的作者原题《我的小桃树》和目前所教的《一棵小桃树》进行对比,引导学生揣摩作者及编者在取题时不同的意图,帮助学生建构多维度思考的平台,给学生提供一个广阔的思维空间,从而建立更为立体的文本解读。

二、从容有序的铺展

《一棵小桃树》是贾平凹早期的作品,是一篇托物言志的散文。作家明写

小桃树的成长经历,实际上是在写自我成长的过程。品读这个有阅历、有深度的作家的作品,其实并不是一件容易的事情。教师应根据文本,根据学情,搭建文本与学生、学生与教师、教师与文本的多维对话平台,打通多角度对话的通道。而一堂课的时间是极其有限的,教学的从容有序是需要艺术的。

郭小平老师的这堂课紧紧围绕"小桃树的形象及作者对它的情感"这两个方面。在点拨中让学生寻找文中的关键词句,从而完成课堂目标。在课堂的层层铺垫和逐步开展中,郭老师有条不紊地交代了作者的背景资料,引导学生寻找小桃树与作者间的联系,进一步挖掘作者的情感,从而引出本课"托物言志"写作手法的学习目标。课堂上,书声琅琅,气氛活跃,学生踊跃发言。郭老师给予学生自由发挥的空间,让学生获得自信感、满足感和成就感。在公开的课堂上,学生的回答能得到老师和同学的认可,极大地激发了学生学习语文的热情,可谓是一举多得。这都得益于郭老师井然有序、从容自然的课堂驾驭能力,让学生在轻松愉悦的教学氛围中习得技能,陶冶情操。

三、细琢深究的品读

叶圣陶先生曾经说过,阅读时"要尽量去体验作品中美好的内容和形式,并陶醉于其中"。这节课,语言品析很细致,情感体悟很细腻,抓住一个字、一个词、一个句子,让学生体验并陶醉于咀嚼语文的美好感受,品味文字里的深沉情感,真正地带领学生走进文本,在文字的深处慢慢欣赏,慢慢领悟。郭老师以一个"小"字的故意漏写,通过比较朗读,让学生探究作者在桃树前加"小"的深刻情感。学生在对文字有感性认识的基础上联系文本理解作者对小桃树的同情,从而自然引入对小桃树娇弱、可怜等形象的分析。

为了让学生深刻地感受这篇语言文字的魅力,体会到字里行间所流露出的复杂情感,郭老师让学生从文中找出描写小桃树外形的句子,用"这句话运用了( )修辞手法/修饰词,写出了桃树的(   ),表达了我对桃树(   )的情感"句式说话。这里学生的品读和老师的点拨都具有一定的深度和美感。比如对于"瘦瘦的,黄黄的"这组叠词的运用,郭老师通过联系生活情境帮助学生理解,这不仅仅停留在"理解"层面,更有方法上的点拨。通过对散文细节描写中的动词、形容词、虚词等进行多角度品析,或追问,或换词,或联系生活情境,在品析的基础上还进行了更高层次的方法性的指导。

四、直击灵魂的挖掘

郭老师展示了20多年前曾经教过的《我的小桃树》的获奖证书,分析了原

6. 线形设计、从容铺展、细琢品读、深入挖掘——评郭小平老师的《一棵小桃树》

题的意义。从作者原本的目的出发,他就是热爱小桃树,小桃树就是作者生命的一部分,所以作者亲切地拟题为《我的小桃树》,对作者而言是合情合理的。那么编者为什么要做出这样的修改呢?针对这样的提问,郭老师设计了"请以'小桃树(作者、编者、自己),我想对你说……'为开头,写出你的理解与收获"的问题。引导学生扩散思维,多元解读,拉近学生与文本、学生与作者之间的距离,让学生用自己的真情实感触摸文本,触摸人物思想。让学生在与作者灵魂的对话中碰撞出思想的火花。

用心的老师,灵动的课堂,这是一堂值得细细咀嚼的课。

(南通市东方中学　蔡天翼)

7.《一棵小桃树》课堂教学实录

课堂再现

一、导入新课,揭题

师:亲爱的同学们,刚才我们一起读过了课文,初步了解了一棵树和一个人的缘分;我很高兴,今天我们也有一起学习一篇文章的缘分呢!这堂课我们将一起来学习贾平凹先生的散文——《一棵小桃树》。

(板书课题,学生齐读课题;板书作者,提醒学生注意"凹"的笔顺。)

二、走近一棵树

1. 了解小桃树的生长过程。

师:好,让我们一起"走近这棵小桃树",(出示幻灯片1)了解一下这棵小桃树是如何成长起来的。请从课文中找出交代小桃树成长过程的语句,了解一下它的"经历"吧!

生1:第三段末尾处说"我"将桃核埋在院子角落的土里。(教师点击,出示"第3段:桃核埋在院子角落的土里")

师:好,找得很准。后面的女孩继续。

生2:第4段中说"那个春天的早晨,奶奶打扫院子,突然发现角落的地方,拱出一点嫩绿儿",看来小桃树发芽了。(教师点击,出示"第4段:拱出一点嫩绿儿")

师:很好,接下来可以说出表明桃树成长的关键短语,后面那个男孩继续。

生3:第6段中"长上二尺来高"。(教师点击,出示"第6段:长上二尺来高")

生4:第8段说"有院墙高了"。(教师点击,出示"第8段:有院墙高了")

师:然后呢?

生5:它开了花!

师:对!(教师点击,出示"第9段:开花")可是,花开得并不如那些灼灼的蜜水桃花,而且恰在开花时节,小桃树经历了一场——

生齐答:大雨!(教师点击,出示"第12段:遭大雨")

师:最终历经风雨的小桃树怎样了呢?(学生思考中,教师等待)

生6:第13段写道"竟还保留着一个欲绽的花苞"。(教师点击,出示"第13段:高高的一枝上保留着一个欲绽的花苞")

生7:可是,第2段中说小桃树在风雨中老了瘦了,楚楚的容颜全然褪尽了?

师:你读得太仔细了,是的,第2段中确实描写风雨中的小桃树,桃花正在一片一片地落。请大家仔细看段落开头的时间词,读一读。

学生齐读:今天的黄昏。

师:第3段开头呢?

生齐答:好多年前的秋天。

师:第9段开头呢?

生齐答:如今!

师:是的,第2段和第9段都写小桃树第一次开花遭遇风雨的场景(教师点击,出示"第2段:开花,遭大雨"),所以说,这中间的部分"回顾小桃树过往的内容"其实是记叙中的——

生齐答:插叙。(教师点击,出示"插叙")

2. 品析小桃树的内涵特点。

师:插叙部分小桃树的成长似乎有些缓慢而艰难,而今天再看着风雨中的小桃树,它的"经历"是这样的令人唏嘘。难怪文中作者最爱的奶奶也说"这种桃树是没出息的"。(板书:没出息)而作者也花了很多的笔墨和情感来描写小桃树的"没出息",请一起读一读批注②。

师生齐读:课文中一些描写反复出现,比如多次描写小桃树"没出息"。散文中这类地方,往往寄托着深意,要仔细体会。

师:这是一篇带星号的自读课文,文中有多处旁注,引导我们进行自读。而这个旁批说,反复出现的细节往往寄托着深意,要仔细体会。这正是阅读这类散文时要特别注意的。

师:按照旁注的内容,应该读第四段。请大家默读这段话,圈画出本段中直接描写小桃树"没出息"的词句。(学生默读课文,并进行圈画)

师:好,找到的同学来读一读相关的语句。

生8:它长得很委屈,是弯了头,紧抱着身子的。第二天才舒开身来,瘦瘦的,黄黄的,似乎一碰,便立即会断了去。

生9:我觉得前面一句"它竟从土里长出来了!"也应该读出来才完整。

师:你说得很好,"我才恍然记起了是它"后面是个冒号,提示下文都是当时所记得的情态。

生9:而且这里的"竟"表明小桃树其实太弱了,作者都忘记了,或许以为它会活不成的,它竟然还长出来。

师:你说得太好了,你准确把握了作者的情感哪!(师生情不自禁地为之鼓掌)

生10:这一段还有一处也能体现小桃树的没出息:"突然发现角落的地方,拱出一点嫩绿儿"。(教师点击,课件显示相关语句)

师:好,现在我们一起来把这些语句读一读。

学生齐读:角落的地方,拱出一点嫩绿儿。它竟从土里长出来了!它长得很委屈,是弯了头,紧抱着身子的。第二天才舒开身来,瘦瘦的,黄黄的,似乎一碰,便立即会断了去。

师:大家只是读了一遍,我未能感受到文字中所流露的情感。大概是因为我们还没有真正体会到小桃树"没出息"的内涵,以及其中蕴含的作者的情感吧。请大家再自由朗读这些文字,咀嚼一下这些描写中哪个词最能写出小桃树的"没出息"?(学生自由读)

生11:我觉得"委屈"这个词最能体现小桃树的"没出息"。

师:为什么呢?

生11:因为下文描写它弯了头,紧抱着身子,我委屈的时候也常常这样,我也觉得这样的时候比较没出息。

师:说得很好,能联系自身实际,感同身受啊。你读一读这些句子吧。(生11有感情地朗读)

师:嗯,他读得很不错,这个词读出了重音,很有感觉,你们这一小组一起读一下。(小组齐读)

生12:我觉得"紧抱"这个动词,写出了小桃树刚发芽时未舒展的姿态,甚至好像有些害怕的样子。

师:说得太棒了,继续!

生13:我觉得小桃树的"没出息"主要是因为它长得很瘦弱,文中有两个叠词"瘦瘦的""黄黄的",而且它到第二天才舒开身来。

师:不错,"瘦瘦的""黄黄的"让我们不禁想起了哪个词语呢?

生齐答:面黄肌瘦!

师:不健康的人大抵是这样的,这里运用了拟人手法,写出作者对小桃树的爱怜与心疼。这是作者根据自己的生活体验和细心观察来用词的,我们要善于学习这样的写作技法。

生14:这句中的"才"也说明了小桃树不健康,它长得很慢,第二天才舒开身,它似乎很虚弱。

师:好,你抓住的是一个副词,和上句中的"竟"一样,似乎更能表现小桃树的特点,也更能蕴含作者别样的情感。可见,我们在品读散文、分析事物内涵的时候,不仅可以从动词、形容词入手,还可以关注一些副词哦!

生15:我觉得后面的"似乎"和"立即"这两个词也有这样的效果。

师:你真厉害,一下子就能触类旁通、举一反三。大家要向他学习哦!还有一个句子呢,谁能来品析一番?

生16:我觉得"角落"这个名词,也能说明这棵小桃树的没出息,是因为它的出身有点卑微。

师:对啊,我的小桃树——出身卑微。(板书:出身卑微)

生17:这句中的动词"拱",说明小桃树生长的环境很不好,它似乎要用尽全力才能发芽,一定是院子角落里的这块土地太坚硬了,不利于它的生长。

师:对啊,不然小桃树直接长出芽好了,小桃树需要用力才能"拱出一点嫩绿儿",足见环境的恶劣。(板书:环境恶劣)

生18:是的,不然它也不需要到第二天才舒开身子,还长得那样委屈。

师:作者的描写准确而富有情感,让我们在仔细体会之后再把这些文字齐读一遍。

学生齐读:角落的地方,拱出一点嫩绿儿。它竟从土里长出来了!它长得很委屈,是弯了头,紧抱着身子的。第二天才舒开身来,瘦瘦的,黄黄的,似乎一碰,便立即会断了去。

师:读得真好,把作者对这个"没出息"的小桃树的焦虑、心疼都读出来

了。大家再在小组中读一遍,进一步体味一下作者的感情。(学生带着感情朗读)

师:既然旁批中说"多次"描写小桃树的没出息,那么请大家跳读课文,运用刚才分析品读的方法把相关的语句找出来读一读吧。(学生圈画品读)

师:好,谁来把阅读成果展示一下?

生19:第6段中,"它长得很慢,一个春天,才长上二尺来高,样子也极猥琐"。

生20:第8段中,弟弟说:"那桃树被猪拱折过一次,要不早开花了。"他们嫌它长得不是地方,又不好看,想砍掉它。

生21:第9段中,可我的小桃树,一棵"仙桃"的种子,却开得太白了,太淡了,那瓣片儿单薄得似纸做的,没有肉的感觉,没有粉的感觉,像是患了重病的少女,苍白白的脸,又偏苦涩涩地笑着。

师:你读得太好了。多可怜的小桃树啊!这是一棵患了重病的小桃树,太白了,太淡了,这种内心的痛,一定要把它读好,尤其是"太白了,太淡了"中两个程度副词"太"可以读得重一些。"苍白白的脸,又偏苦涩涩地笑着。"小桃树的笑可怜而又可敬啊。我们一起来读一读:可我的小桃树,一棵"仙桃"的种子,起——

学生齐读:却开得太白了,太淡了,那瓣片儿单薄得似纸做的,没有肉的感觉,没有粉的感觉,像是患了重病的少女,苍白白的脸,又偏苦涩涩地笑着。

师:小桃树生长在院子的角落里,只有贫瘠坚硬的泥土,它一夜之间花全开了,只是这花开得令人忧伤,甚至忍不住落泪,这环境的恶劣也就罢了,可是它第一次开花便要经历一场下了一整天的大雨,请找出在风雨摧折之下作者对小桃树"没出息"的描写。(板书:风雨摧折)

生22:第2段中写道:纤纤的生灵,枝条已经慌乱,桃花一片一片地落了,大半陷在泥里,三点两点地在黄水里打着旋儿。

师:这句中,你觉得包含着作者怎样的感情?

生22:我觉得,是一种怜悯、一种痛心。

生23:还有惋惜!

师:好,我们就带着这样的情感一起读一读这句话。

学生齐读:纤纤的生灵,枝条已经慌乱,桃花一片一片地落了,大半陷在泥里,三点两点地在黄水里打着旋儿。

师:读得很有感情。对风雨中的小桃树的描写还有——

生齐答:第13段开头部分。

师:好,一起读!

学生齐读:雨还在下着,我的小桃树千百次地俯下身去,又千百次地挣扎起来,一树的桃花,一片,一片,湿得深重,像一只天鹅,羽毛渐渐剥脱,变得赤裸的了,黑枯的了。

(教师点击课件,出示第2段和第13段中的关键词句)

师:请大家看,第2段中有"桃花<u>一片一片</u>地落了",第13段中有"一树的桃花,<u>一片,一片</u>,湿得深重",画线处有什么区别?

生24:第13段中多了一个逗号!

师:不错,观察很仔细。那要怎样读呢?

生24:后一处要停顿,要读得慢一些。

师:对,那谁能够说说这个逗号中蕴含着怎样的意味呢?(学生思考,不敢作答)

师:大家试着把句子完整地读一读。

生25:我觉得第2段中"一片一片"使用叠词,主要体现风雨之大,对桃花摧残之严重;而第13段中,我似乎感觉作者的视线跟着桃花东一片、西一片地在移动,每一片都让作者心疼,更能体现对花的惋惜。

师:你说得太好了,比老师的想法还要细致入微,还能发挥想象,感觉到作者的视线在移动,太棒了!(老师竖起大拇指)

师:是啊,一次花落就是一次心疼啊。因此,读的时候要读得——

生齐答:慢!沉重!

师:可见,高明的作家,标点都能帮他抒发感情。这也是一个写作的技巧哦。来,听老师把这一句读一下。

师:(范读)雨还在下着,我的小桃树千百次地俯下身去,又千百次地挣扎起来,一树的桃花,一片,一片,湿得深重,像一只天鹅,羽毛渐渐剥脱,变得赤裸的了,黑枯的了。(学生再齐读)

师:读着文章,感受着作者对小桃树的深情,他是真的认为小桃树"没出息"吗?(板书:?)"没出息"这个说法是谁说的?

生26:第4段中,奶奶说的。

师:好,把这句仔细读一读。

(学生自由读:大家都笑话它,奶奶也说:"这种桃树是没出息的……")

师:奶奶是像大家一样"笑话"它的吗？奶奶对小桃树怀着一种怎样的情感呢？

生27:奶奶不是嘲笑,奶奶其实是关心这棵小桃树的,后面第8段中,当别人想砍掉小桃树时,奶奶不同意,还常常给它浇水。

师:其实这棵小桃树的种子还是奶奶给"我们"的。

生28:奶奶爱着"我们",所以她应该爱屋及乌,也爱这棵小桃树。

师:是的,"爱屋及乌"这个词好有爱啊！奶奶说它没出息,只是陈述了一个客观的事实,刚才我们的赏析足以说明奶奶的说法是对的,奶奶甚至还提出了建议,要嫁接。而"我"同意奶奶的说法吗？

生齐答:不同意。

师:是的,文章当中,"我"从来没有对小桃树说过它"没出息"。"我"当时是怎么想的啊？齐读！

学生齐读:我却不大相信,执着地偏要它将来开花结果呢。

师:作者"不大相信",说明作者明白,奶奶说小桃树"没出息",是因为小桃树的生活环境和磨难、挫折似乎注定了它的没出息,但这些让作者更有一种怜爱,有一种忧伤,有一种焦虑,有一种心疼,有一种难过,当然,还有一种执着的希望:偏要它将来开花结果。事实上,小桃树开花了,所以说"我"的小桃树是"没出息"的还是"有出息"的呢？

生齐答:有出息。(板书:有出息)

师:从哪些语句可以看出小桃树的"有出息"呢？(学生回答,课件展示)

生29:第4段中,它竟从土里长出来了！

生30:第5段,它却默默地长上来了。

生31:第9段里,如今,它开了花,一夜之间,花竟全开了呢。

师:好,小桃树一直在——

生齐答:长！

师:而且最终——

生齐答:开了花！

师:然后,第2段中写的一场"下得这般大、来得这么早、一直下了一个整天的雨"来了,于是——

生32:第13段中有"我的小桃树千百次俯下身去,又千百次地挣扎起来……"

师:很好!"千百次",挣扎固然有些"没出息",但是"起来"可以重读,这是一种怎样的精神?

生33:顽强!

生34:有韧性!

生35:不屈不挠!

师:好,说得很准确!(板书:不屈不挠)小桃树面对风雨摧折不屈不挠,具体表现在第13段的后半部分。我们一起来读一读:从"然而"开始,起——

学生齐读:然而,……嫩红的光。

师:的确,在看似注定"没出息"的小桃树的骨子里透着一种"有出息"。(板书:!)

三、认识一个人

师:作者在写这棵小桃树的时候,多次亲昵地称它为"我的小桃树",因为小桃树身上有作者的影子,或者说小桃树正是作者的镜子。请大家默读文章后面的【阅读提示】(点击课件),这也是学习自读课文的有效资源哦。(学生默读阅读提示,圈画关键内容)

师:阅读提示中说"我的小桃树"就是另一个"我",那就让我们一起来"认识一个人",跳读课文,结合课文旁批③④,梳理"我"的人生经历。我们可以根据阅读提示中小桃树的"来由、发芽、长大、开花以及横遭风雨"的过程,找出文中相应的语句读一读。(点击"来由")

生36:第7段中介绍"我"走出山来到城里,说明"我"出身于山村。(教师点击课件,出示作者简介:作者生于陕西省一个偏僻的山村)

师:"我"的来由说明"我"和小桃树一样"出身卑微",知道自己的渺小,然后呢?结合批注③:是什么使"我"遗忘了小桃树?

生37:作者毕业后走上了社会,去了城市,准备轰轰烈烈地干一番自己的事业了,然后他就忘记了家里的这棵小桃树了。

师:看来,作者儿时的梦想发了芽。(点击课件,出现作者简历:就读西北大学)接下来呢?

生38:在作者走上社会之后,渐渐大了,脾性却坏了,心境似乎垂垂暮老。

师:是的,作者经历了"文化大革命",遭遇了人生的一场风雨。(点击课件,出现作者简历:"文革"中,作者的家庭遭到毁灭性摧残。)但是,正是在祸不单行的日子里,作者亲见小桃树一夜之间花全开了。(点击显示:开花,保

留花苞)

师:所以,作者在艰难之中也有所成就,批注④:"蓄着我的梦"的桃核长成了树,而且真的开了花。这里指的是什么呢?(点击课件,出示简介:作者一直从事文学编辑兼写作。主要作品有小说《满月儿》《高老庄》等。他曾获全国文学奖三次。)请大家逐一理清作者和小桃树双线并行的相同经历吧!

(学生圈画文中体现作者经历的语句,根据课件理清作者的经历。)

师:认识一个人,除了理清他的生活经历之外,更要理解他的情感。其实,小桃树蓄着作者的梦,在作者的追梦路上,在迷途之中小桃树还是作者"风浪里的指示灯",所以可以说,小桃树身上还蓄满了作者的感情。请大家结合文章中批注①和批注⑤,理解一下作者的情感,尤其是情感的转折。

学生自由读批注①⑤:寻常的情景,不寻常的情感。"我"的情感在这里来了一个转折,您读出来了吗?

生39:文章开头写"我常常想要给我的小桃树写点文章,但却终没有写就一个字来"。我感觉,"常常"一词尤见感恩怀念之深,但又因为终没有写就,而满含歉疚。

师:是的,读散文最重要的是,品味作者在文字里的情感。这五个旁批以情感开始,也是以情感结尾。文章有好多地方写出了作者对小桃树的情感,刚才的同学分析的第1段,情感就非常充沛。来,我们请一个同学来读一读。

(一个学生读《一棵小桃树》的第1段文字。)

师:第1段中还有哪些词语直接表明自己的情感呢?

生40:忏悔、安慰。

师:其他段落呢?

生41:第2段中"啊,它已经老了许多呢,瘦了许多呢,昨日楚楚的容颜全然褪尽了"满是怜悯、痛心、愧惜。

生42:这一段有两次直接说"可怜",还有"傲慢、屡头",表达出自责与无可奈何!

生43:第8段里我感觉作者一边怀念着小桃树和奶奶,一边表达出无尽的懊丧与歉疚。

生44:第9段中,作者看着那样苦涩涩笑着的桃花,流露出无尽的忧伤。

生45:我从第10段开头的"颤抖"中感觉到作者心灵的震撼。

师:批注⑤中说,"我"的情感在这里来了一个转折,具体指怎样的转折呢?

生46：应该是作者从现实的忧伤之中，看到保留的花苞而稍稍感到有些安慰，他看到了希望，看到了追求梦想的曙光。而且他对于小桃树这个人生的指示灯充满了感激。

师：非常准确，大家一起读一读第14段。读出作者对小桃树的爱怜、感激，读出作者对生活满含的热切期待。

（学生齐读第14段）

师：看来理解人物情感，既可以找出文中直接表明情感的词语，也可以结合具体的描写分析蕴含的情感。

四、领悟一个理

师：阅读提示中说作者与这棵小桃树有着特殊的情感联系，饱含着深沉的感慨和寄托。尤其作者面对自己人生的风雨时，为自己"脾性坏、心境垂垂暮老"而懊丧时，更是从小桃树的身上看到了希望，从迷茫中奋起直追。批注④也提问：作者仅仅在写"花"吗？是啊，作者仅仅在写小桃树吗？本文和《紫藤萝瀑布》在写法上有什么相同之处吗？

生47：运用了托物言志的写法。

师：很好，文章在描写小桃树的过程中借小桃树的顽强表明自己也要在风雨中开花，学习保留一个花苞的不屈不挠的精神啊！（板书：托物言志）

师：好，小组讨论，用一句话说说作者所言之"志"又是什么呢？（小组讨论后回答）

生48：面对生活的困苦和磨难，要顽强地斗争，不懈地追求。

生49：不屈不挠的奋斗会战胜磨难，创造出美好的未来。

生50：笑对人生的风雨，就一定会实现自己的梦想！

师：好，同学们，有梦，就有未来；有爱，就有动力。让我们积蓄力量，面对挫折；风雨过后，希望孕生。（点击课件，出示结束语）请大家一起读一读。（学生齐读）

师：这不仅是作者对小桃树的祝福，也是我对每一位同学的祝福。我真诚祝愿我们七(3)班的53棵小桃树都能开花、结果！下课！

（课件显示课后作业：1.深度阅读课文，从情感、写法等角度补充3～6处批注。2.当你遇到挫折而迷惘时，可有一种植物在你心中停留？仿照课文，写一篇300字左右的片段。）

（南通市竹行中学　沈明明）

8. 让"真学"在自读课文学习中真正发生

——以《一棵小桃树》为例

教学自省

阅读教学是语文教学的核心组成部分。传统初中语文教材将阅读课分为"精读"和"略读"两部分，以期达到多层次训练学生阅读能力的目的。但从传统阅读课堂的教学实施现状看，效果大多不尽如人意。有的课堂，教师用"精读"方式一以贯之地解决所有阅读教学的问题。更有甚者不仅混淆课型，甚至混淆文体，不管学什么文体，全都用差不多的讲法与程序。还有放手让学生自我摸索，教师完全放任不管的现象存在。

这样的教学实践现状，违背了教材阅读课型设置的初衷，严重制约了学生自主阅读能力的形成。针对这样的现状，部编版初中语文教材提出了"教读""自读""课外阅读"三位一体的阅读课程体系。这一阅读课程体系致力于解决以往语文阅读教学"精读""略读"课型区分不明显的问题，从而使语文阅读教学向纵深化发展，更具连续性和可操作性。

"自读"课型作为"三位一体"阅读课程体系中的一种，是连接"教读"和"课外阅读"两种课型的不可或缺的一环。那么，如何把握"自读"课型的特点，明确教师和学生在"自读"课型中的角色定位和作用，从而实现教材编排意图，真正落实阅读教学任务呢？教者试以自读课文《一棵小桃树》的教与学为例，尝试探讨部编版初中语文教材自读课文的教学路径。

《一棵小桃树》是部编版初中语文七年级下册第五单元的一篇自读课文，是当代著名作家贾平凹创作的一篇托物言志的散文。文章以一棵小桃树的顽强生长来寄寓自己的情志和理想。文章生动描述了小桃树的艰难成长历程,讲述了作者从小桃树身上找回昔日战胜困难的勇气,找回了原来的自我,得到终身拼搏勇气的过程。文章语言优美,意蕴深厚,托物言志手法运用堪称典范,是学生自读的绝佳材料,也是学生散文学习的典范。

在引领学生学习《一棵小桃树》时,教者尝试抓住自读课文的课型特点,努力处理好师生角色定位,充分借助教材,为部编版课本自读课型的讲授和学习提供了一些实践思考。

一、借力课文助学系统,是"自读"的倚仗

部编版初中语文教材在自读课文中安排了"注释""旁批""阅读提示""补白""读读写写"等助学系统,这些助学系统紧贴学生的阅读实际,立足学生的最近发展区,展现了新课标所要求的自主阅读和独立阅读的理念。用好这些助学系统,是学好自读课文的重要保障。

(一)关注文后"阅读提示"的阅读指引作用

在自读课文中,教材随文设置了多样化的阅读提示。这些阅读提示对文章的阅读重点进行提示和点拨,结合单元训练重点对学生的阅读方法进行指导,既指向学生的自主与独立阅读能力的养成,又向课外进行拓展延伸。

在引领学生从"走近一棵树"走向"认识一个人"环节时,教者巧妙借助了阅读提示作为过渡语:的确,在看似注定"没出息"的小桃树的骨子里透着一种"有出息"。作者在写这棵小桃树的时候,多次亲昵地称它为"我的小桃树",因为小桃树身上有作者的影子,或者说小桃树是作者的镜子。这种建立在学生预习的已有认知的过渡,带领学生由一棵树形象的分析自然过渡到一个人物情志的探寻,让师生课文的学习自然走向深入。

(二)关注文旁"旁批"的提示作用

部编版教材自读课文中的"旁批",往往是提点课文的精要之处、提示文章的线索结构、提炼文章的写作技法,或是以提问的方式,引导学生思考,从而实现学生自主阅读、自主提升的目的。

这节课教者多处借助文旁"旁批"助力教学,取得了较好效果。

比如教者在带着学生品析小桃树的内涵特点时,让学生读一读批注②"课文中一些描写反复出现,比如多次描写小桃树'没出息'。散文中这类地方,往往寄托着深意,要仔细体会。"然后告诉学生,这个旁注告诉我们自读这篇文章的方法,反复出现的细节往往寄托着深意,要仔细体会。这是阅读这类散文时要特别注意的。这一环节借助批注,一是告诉学生自读课文的方法,同时也引领学生找出描写小桃树"没出息"的语句,体会文章寄托的深意。

在"认识一个人"环节,教师要求学生跳读课文,结合课文旁批"③是什么使我遗忘了小桃树?④'蓄着我的梦'的桃核长成了树,而且真的开了花。作者仅仅在写花吗?⑤'我'的情感在这里来了一个转折,您读出来了吗?"梳理"我"的人生经历。学生通过对这三个批注的简单讨论,理清作者的经历,进而把握"我"与"小桃树"之间的内在联系。

在品味人和树之间的感情时,教者带着大家齐读批注①"寻常的情景,不寻常的情感"。要求学生圈出"情感"这个词,告诉学生读散文最重要的就是品味作者在文字里的情感。然后学生寻找文中直接表明情感的词语,进而结合具体的描写分析蕴含的情感。

(三)关注教读课文的示范作用

在教读课中,教师重点传授阅读的基本方法,关注学生阅读能力的提升和培养,为自读课起到示范、引领的作用。在自读课学习时,学生运用在教读课型中所习得的阅读方法和阅读策略,自主阅读和思考,从而进一步巩固阅读技能,自主形成阅读能力。

部编版初中语文七年级下册第五单元的几篇课文主要采用的是托物言志和借景抒情的写作手法。第五单元的第一篇课文为宗璞的散文《紫藤萝瀑布》,在这篇教读课文学习时,学生对托物言志这一手法已经是了然于胸。在学习自读课文《一棵小桃树》过程中,学生由"走近一棵树"到"认识一个人",自然就能联系《紫藤萝瀑布》的学习所得,理解《一棵小桃树》所采用的也是"托物言志"这一手法。借助于教读课文的示范作用,学生自读课文的学习也更轻松和有效。

二、扶放相宜的精准把握,是"自读"的关键

自读课文的教学强调让学生自主阅读和思考,自主构建自我阅读体系,从而形成自主阅读能力。但是,在现实教学中,学生的阅读能力存在客观的个体差异。自读课文的教学教师既不能事事包办,也不能放任不管,精准把握好自读课堂的"扶"和"放",是自读课取得良好效果的基础和必要保障。

(一)明确的学习目标是自读的前提

和以往教材有所不同的是,部编版初中语文教材明确提出了每一单元的学习目标,整体把握好学习目标是学习自读课文的前提。七年级下册第五单元的人文主题是修身正己,强调的学习目标为:学习托物言志的手法,体会如何运用生动形象的语言写景状物,寄寓自己的情思,抒发对人生的感悟。

鉴于此,并考虑到学生对本单元前几篇教读课文的知识积累,教者将《一棵小桃树》的学习目标定为:1. 自读文章,品析描写小桃树的语句,体会作者对小桃树的独特情感;2. 理解文章赞美小桃树顽强的生命力及所寄寓的深刻含义;3. 进一步学习和理解托物言志的写法。明确了学习目标后,学生的自主阅读和学习就有了目标和抓手,自读课学习才能顺利开展。

(二)学生的自主阅读是自读的基础

学生是自读课文学习的主体,学生阅读能力也是通过学生自主学习而形成的。因此,在自读课的教学过程中,教师必须保障学生的自主阅读时间,放手让学生自主阅读和学习。学生在自读过程中,结合助学系统,自主阅读课文,完成"读读写写"中的字词内容,回答旁批和阅读提示中提出的问题,从而进一步完成自主学习前提出的本课学习目标。

另外,在自读课文学习过程中,自主学习的主体并不仅仅限于学生个体,当个体学生在自主阅读过程中遇到较难解决的问题时可以求助于同伴,学习同伴组成学习共同体,对有疑问的相关问题共同研究,形成共识,从而共同消化与完成学习任务,大大增强了自主阅读的深度和广度。

(三)教师的适时引导是自读的必要保障

当然,自读课文的学习,教师并不是完全退至幕后。如果说在教读课文的学习中,教师作用的发挥重在一个"教"字的话,在自读课文的学习中,教师作用的发挥则可以用一个"导"字概括。在学生自主阅读与学习的基础上,教师引导学生自读行为、指导阅读方法和技巧及疏导学生自主学习中的问题,从而使学生产生更好的学习张力,获得个体的阅读感悟。

在学习《一棵小桃树》时,教者在学生自主学习前明确了本文的学习目标,大致设计了"走近一棵树、认识一个人、领悟一个理"的学习思路。在这一过程中,在老师总体思路的大框架下,引领学生一次次走近文本,了解小桃树的生长过程,欣赏和思索小桃树的"没出息"和"有出息",进而自然地由树过渡到人,梳理"我"的人生经历,思忖"我"与小桃树的内在联系,品味人和树之间的感情。学生在此基础上,也自然加深了对"托物言志"这一表现手法的理解。师生共同领悟出"不屈不挠的奋斗会战胜磨难,创造出美好的未来""面对生活的困苦和磨难,要顽强地斗争,不懈地追求"这些道理也就顺理成章,水到渠成了。

在引导学生体会文章采用的"托物言志"时，教者牢记自读课文的课型特点，课前要求学生自主搜集、寻找作者贾平凹的相关资料，在课堂学习过程中，教师适时引导学生深入文本，到文中去梳理出"我"的人生经历，在此基础上，学生结合课前所搜集的资料，师生共同努力，更好地理解了"托物言志"在这篇课文中的体现。这样，师生协同配合，自然无痕，学生的体验也更为深刻。

总而言之，自读课文教学的最终目的，就是让学生想读、能读、乐读，并养成良好的阅读习惯，形成自主阅读的能力，最终能进行有效的"课外阅读"。《一棵小桃树》这节课的教学对统编教材视野下的阅读课尤其是自读课应该如何构建提供了一些实践思考和操作参照，在指向于学生语文核心素养的前提下，把握课型特点，借助助学系统安排学习；扶放结合，关注学生的自主习得，从而真正发挥自读课文的作用，真正培养学生的阅读能力。

参考文献

[1] 王本华. 从八大关键词看"部编本"语文教材的编写理念[J]. 课程教学研究,2017(5):31-35.

[2] 候改改. "三位一体"阅读课型体系的特点及实施探究——以部编本初中语文教材为例[J]. 教育参考,2017(6):82-87.

[3] 温儒敏. "部编本"语文教材的编写理念、特色与使用建议[J]. 课程·教材·教法,2016(11):3-11.

（南通市竹行中学　沈明明）

9. 体现自读特色，培养自读能力

——评沈明明老师执教的《一棵小桃树》

同行点评

时下，语文教学似乎走入了一个误区，课堂教学五花八门、炫人耳目，充满了表演性，好像不热闹、不表演就不是好课。语文课教学说白了其实很简单，无非是阅读、理解、写作，把这些做好了，语文课不成功都难；相反，如果这些没做好，语文课想好也同样很难。语文教学的目的不是获得了多少书本知识，掌握了多少解题技巧，更重要的是学会学习的方法。"问渠那得清如许？为有源头活水来"，只有掌握了学习的方法，知识才能像水流一样源源而至。

《一棵小桃树》是一篇自读课文，是发展学生自主学习能力的重要篇目。沈明明老师的教学设计和课堂教学，都充分体现了对学生学习能力的发展。沈老师十分关注引导学生发展阅读、理解、写作等能力，注重对知识的自我获得。

一、开轩风景八方好，揽得水云入我睛——"借助工具"培养自读能力

自读课文，最重要的是掌握自读方法，会使用和借助恰当的工具。部编教材在设计编写的时候，充分考虑到自读的需要，安排了"注释""旁批""阅读提示""补白""读读写写"等助学系统，帮助学生自读，这些教材中的助学系统就是一种帮助自读的借助工具。沈明明老师执教《一棵小桃树》，从自读目标出发，以简单、便捷、合适为基本导向，摒弃舍近求远、琳琅满目甚至花里胡哨的自读借助方法，把自读借助工具定位在最基本的方法上，即借助教材中的助学系统，是非常务实可行的学习方法。

1. 借助"阅读提示"做好阅读指引。如巧妙借助阅读提示设计过渡语：的确,在看似注定"没出息"的小桃树的骨子里透着一种"有出息"。作者在写这棵小桃树的时候,多次亲昵地称它为"我的小桃树",因为小桃树身上有作者的影子,或者说小桃树是作者的镜子。由此从对"一棵树"的认识跨越到对"一个人"的认识,为学生的自读指明了方向、做好了导引。

2. 借助"旁批"加深对课文的理解。如让学生读批注②:课文中一些描写反复出现,比如多次描写小桃树"没出息"。散文中这类地方,往往寄托着深意,要仔细体会。使学生关注到"没出息"在文章中的关键作用,继而能自觉在文中寻找有关"没出息"的语句,深入理解这些语句,从而深入理解文章。再如旁批③:是什么使我遗忘了小桃树?旁批④:"蓄着我的梦"的桃核长成了树,而且真的开了花。作者仅仅在写花吗?旁批⑤:"我"的情感在这里来了一个转折,您读出来了吗?执教教师充分利用这些旁批,引导学生反复阅读,结合课文深入思考,从而达到认识"一个人"的目的。

3. 当然,自读可借助的工具很多,比如搜集网络资料等。沈老师在教学中并没有拘泥于对教材中助学系统的运用,而是横向延伸,纵向深掘,让学生在课前广泛查阅了相关资料,完善自读的需要,也是完善学会学习的需要。

二、晴空碧翠飞云雀,共与山花远壑衔——扶放结合培养自读能力

有句话说得好:授人以鱼不如授人以渔。这充分揭示了一个道理:把方法传授给别人,才能使其形成能力,实现独立。沈明明老师在执教《一棵小桃树》中,就体现了这一思想,大胆"放着走",适当"牵一牵",做到以放为主,扶放结合。

在"扶"的方面,沈老师首先为学生的自读设定了目标:1. 自读文章,品析描写小桃树的语句,体会作者对小桃树的独特情感;2. 理解文章赞美小桃树顽强的生命力及所寄寓的深刻含义;3. 进一步学习和理解托物言志的写法。有了目标,学生的自读就能够做到有的放矢,就像航行在茫茫的大海上,有了一个指引方向的灯塔,不至于毫无目标地漂到哪算哪。在学习过程上,沈老师设计了"走近一棵树、认识一个人、领悟一个理"的学习思路,对学生适时进行"导",适当施以"教",从而达到从"认识树"到"认识人",从"解决读"到"懂得理"的自读目标。

在"放"的方面,沈老师充分发挥学生在学习中的主体作用,结合旁批、阅读提示等助学系统,放手让学生自主阅读和学习,通过思考、回答旁批和阅读提示中的问题,自主完成课文阅读;通过阅读和借助工具,自主完成"读读写写"中的内容,实现本课的学习目标。沈老师也注重培养学生发挥群体的智慧,组织学生进行共同学习,通过互相交流、互相探讨和集体研究,对知识形成共识,并逐步完成对认识的深化。

三、山川万里多妍物,独得青荷一叶风——抓住文眼培养自读能力

沈老师执教《一棵小桃树》,抓住了理解课文的"眼"。什么是理解课文的"眼"?在这里我指的是课文中的关键词、关键语句。"眼睛"是心灵的窗口,是人心灵外露过程中最不能掩饰的地方,是了解一个人的重要途径。关键词、关键语句就相当于文章的"眼",是理解文章的重要手段。沈老师很好地抓住了这一点,带领学生通过抓住关键词句,实现阅读理解的逐渐深入。如在体验作者对小桃树"没出息"的描述中,沈老师引导学生找到了"它长得很委屈,是弯了头,紧抱着身子的。第二天才舒开身来,瘦瘦的,黄黄的,似乎一碰,便立即会断了去""它长得很慢,一个春天,才长上二尺来高,样子也极猥琐""那桃树被猪拱折过一次,要不早就开花了"等关键语句,找到了句中"委屈""瘦瘦的""黄黄的""太白了""太淡了"等关键词语,小桃树的"没出息"便被形象化、深刻化。再如沈老师提出问题:第2段中有"桃花一片一片地落了",第13段有"一树的桃花,一片,一片,湿得深重",画线处有什么区别?引导学生深入思考,进行比较,认识到"第2段中'一片一片'主要体现风雨之大,对桃花摧残之严重;而第13段中我们感觉到作者的视线跟着桃花移动,每一片都让作者心疼,更能体现对花的惋惜"。从而使学生对文章的认识更加深刻,体会到的情感更加深挚。

(南通市直教管中心　杨玉栋)

10.《曹刿论战》课堂实录

课堂再现

一、随机激趣,导入新课

师:这节课我们一起来学习《曹刿论战》这一篇课文,同学们之前已经读过了文章,我想来考考大家,请一位同学来说一说,文章里面所说的这一场战争发生在什么地方?

生:长勺。

师:很好嘛,读书的时候能够关注到一些细节问题。很棒哦!告诉大家,在历史上,这场战争就称为"长勺之战"。这篇文章是历史上能够详细介绍这场战争的为数不多的文献之一。

二、整体感知,理清脉络

师:这篇课文的写作对象是一场战争,一场战争可写的内容其实有很多。读了这篇文章,同学们有没有发现,这篇文章大部分的篇幅写的是什么内容?

生:写的是曹刿和鲁庄公的对话。

师:太好了,非常准确。按照战争的过程,我们把曹刿和庄公的对话分为三个部分:战前对话、战时对话、战后对话。

三、分析战前,不同寻常

师:我们先来看看曹刿和庄公的战前对话。这是课文的哪一个部分写的呢?

生:第一自然段。

师:请同学们读一读文章的第一自然段,找出文中庄公和曹刿的对话内容。

(学生读课文,在文中做标记。)

师:哪位同学来读一读?

生:其乡人曰:"肉食者谋之,又何间焉?"刿曰:"肉食者鄙,未能远谋。"

师:她的回答对吗?

生:不对,老师问的是曹刿和鲁庄公的对话。

师:读书不够仔细哦,我再请一位同学来读一读。

学生展示:

问:何以战?

公曰:衣食所安,弗敢专也,必以分人。

对曰:小惠未遍,民弗从也。

公曰:牺牲玉帛,弗敢加也,必以信。

对曰:小信未孚,神弗福也。

公曰:小大之狱,虽不能察,必以情。

对曰:忠之属也,可以一战,战则请从。

师:好,刚才那位同学听到了吗?一定要听清楚要求哦。回答错了也不要紧,谁能不犯错误呢!

(老师把庄公和曹刿所说的话打印在 A4 纸上,每张纸上打印一句话,并分别把这些句子粘贴到黑板上,这些句子在粘贴到黑板上的时候并没有按照文中的顺序。老师一边把这些句子粘贴到黑板上,学生一边朗读。)

师:下面请两位同学在黑板上把这些句子的顺序重新排列一下,看看是否能和文章中的语序一致,并且排列得很整齐、美观。给同学们 1 分钟的时间准备一下。

(学生读课文,思考)

师:哪两位同学愿意来挑战一下?

(两位男生到讲台上演示,一位男生打算按照连续的方式排列,另一位男生提出了异议,并进行了修改,排列结果如下。)

问:何以战?

公曰:衣食所安,弗敢专也,必以分人。　　对曰:小惠未遍,民弗从也。

公曰:牺牲玉帛,弗敢加也,必以信。　　对曰:小信未孚,神弗福也。

公曰:小大之狱,虽不能察,必以情。　　对曰:忠之属也,可以一战,战则请从。

师：好，排得既正确又美观。我想采访一下其中一位同学，刚才你有一个很小的动作，他想把这些句子连续排列，而你把它们改成了这样，我想请你说说你是怎样思考的？

生：我认为"何以战"是下面他们对话的一个总的话题，然后下面的内容应该是一问一答，所以这样排列更加整齐、美观。

师：他说得很好，有没有哪位同学愿意帮他再解释解释？

生："何以战"引出了下面鲁庄公和曹刿的对话，应该放在最上面，另放，而且他这样排也确实很整齐，很好看。

师：好，接下来请大家两人一小组，一位同学读庄公说的话，另一位同学读曹刿说的话，体会一下他们谈话的过程。

（学生两人一组，进行对话练习）

师：下面，我们大家一起来读一读，我提一个要求，同学们可以在每一句曹刿应答的句子之前加一个英文单词，在他否定庄公观点的地方加一个"NO"，在他同意庄公观点的地方加一个"YES"。男生读曹刿说的话，女生读庄公说的话。

（学生读课文）

师：同学们读得很起劲儿啊，可是我们细细地品味一下庄公和曹刿的对话，同学们有没有感觉到他们的对话似乎有一些不符合常理的地方？

生：曹刿进来就问庄公"何以战"，没有寒暄。

师："何以战"怎么解释？（凭什么打这一战）

生：庄公在回答问题时好像总是小心翼翼地，总是说"弗敢"。

师："弗敢"，怎么解释？（不敢）

生：曹刿对庄公提出的见解直接否定，不留余地。

生：曹刿是个身份地位显赫的人，庄公有点怕他。

生：本来按照传统的观念，鲁庄公在上，曹刿在下，但是我们现在读这里的对话，感觉到仿佛曹刿是来指导庄公的，而庄公只是像一个学生一样。

师：你是说曹刿高高在上吗？你从文中的哪些地方可以看出来？

生：比如庄公说，衣食所安，弗敢专也，必以分人。曹刿就说，小惠未遍，民弗从也。这似乎与他们的身份、地位不相符合。

生：曹刿总是直接就否定了庄公的话，没有余地，没有商量。

师:哦,这个比较直接,是吧!我们来举一个例子啊,比如,我说我今天晚上去你家吃完饭,可是你因为作业太多,不想让我去,所以就要拒绝我,那你会怎么说?

生:老师,您能去我家吃晚饭我真的是求之不得,我们全家人都会非常开心的,但是,我妈妈今天不在家,我的作业也比较多,老师能不能改日呢?改日我一定全力奉陪。

师:哦,这样的话,我虽然被拒绝了,但心情还是很好的。这就是委婉地拒绝,可是这里曹刿在回答的时候就显得比较直接、生硬。为什么曹刿可以这样说呢?背后有没有什么原因呢?同学们可以来推测一下。

生:我想,鲁庄公在这场战争之前的战争都是失利的,现在大敌当前,他有求于曹刿,希望曹刿帮助他赢得此战,所以他什么话都听曹刿的。

生:我猜想曹刿在当时是一个很有地位的人,甚至连鲁庄公都非常尊敬他,说不定曹刿就是鲁庄公的长辈或者是他的老师。

师:同学们都看到了曹刿这个人肯定不是一般人,如果是一个一般人,他也不可能和庄公这样对话,我们来看看曹刿这个人到底是一个怎样的人。

〔课件展示:曹刿,春秋时期鲁国(今山东菏泽)人,周文王第六子曹叔振铎之后,一直隐居梁甫山。〕

师:看来大家的推测是正确的,曹刿真不是一般人,他是帝王之后,并且是个隐士,国家有难就出来解决问题。

师:还有其他的可能吗?

生:曹刿肚子里有干货,庄公不得不听他的。

师:他有干货,为何要为庄公出谋划策?

生:他愿意承担这个责任,他愿意为自己的国家贡献一份力量,这就是国家兴亡,匹夫有责的精神。

生:鲁庄公是一个贤明的君主,就像是李世民那种,大家都知道他能够接受别人的意见,所以曹刿才敢那样和他说话。

生:他们现在不需要讲什么礼节,大敌当前,只想着自己的国家能够在这一场战争中取得胜利。

师:其实,刚才也有同学说到了,这场战争对鲁国来说也许确实是个难关,我们再来看几则材料。

（课件展示）　　　　　　　　长勺之战

　　双方的统帅:齐桓公　　　　鲁庄公
　　双方的兵力:30万　　　　　3万

师:我们可以看到这场战争齐国的最高统帅是号称"春秋五霸之首"的齐桓公,而鲁国是懦弱的鲁庄公,而且他们的兵力对比也非常悬殊。我们再来看一则材料。

（课件展示:《左传·庄公九年》:"秋,师及齐师战于乾时,我师败绩。公丧戎路,传乘而归。秦子、梁子以公旗辟于下道,是以皆止。"）

师:同学们从这则材料里读到了什么?

生:在长勺之战的前一年鲁国和齐国曾经打过一场仗,其结果是鲁国输了这场战争,并且输得特别惨,鲁庄公差点就被齐国的士兵给活捉了,幸亏秦子和梁子舍命相救。

师:这里的"是以皆止"是什么意思?

生:都死了。

师:这两个人的结果都很惨啊,大家看看这战争真的是很无情啊。在这种情况下鲁国和齐国要打仗,鲁庄公怎么可能不紧张呢?哪里还顾得着什么礼节呢!文章中有没有哪些句子也写出了这种紧张感?

生:十年春,齐师伐我。公将战,曹刿请见。

师:作者是怎样写出这种紧张感的?

生:作者通过短句、整齐的句式,增强了一种紧迫感,让读者一读就读出了这种紧张的氛围。

师:好,我们一起来读一读这两句话,同学们要去体会文字背后的意蕴。

（学生齐读课文）

师:我们再来看一看,文章开头的这一小节,曹刿和鲁庄公的这一番对话,他们得出了一个怎样的结论呢?

生:战争要想取得胜利,最关键的是要得人心。

师:也就是要取信于民了,既然这样,我们就把第一小节改一改,大家看看效果有什么不一样?

（课件展示:乃入见。刿陈以事实,晓以利害,告公曰:"民乃战之本也,取信于民,方可一战。"）

生:文中是通过曹刿和庄公的对话引出战争要取得胜利必须要取信于民

这个结论的,而改过之后是直接写出来,就不能看出鲁庄公是在征求曹刿的意见。

生:原文中能体现出庄公思考的过程,改过之后就没有了这个过程,感觉庄公只是被动接受而已。

师:我们从庄公的这个思考过程可以看出什么呢?

生:庄公希望打这一场仗,而且希望打赢!

生:庄公的第一次回答是希望借助大臣们的力量,而第二次回答是希望取得神明的信任,第三次回答才涉及民生。

生:庄公只是在曹刿的启发下才明白了取信于民的重要性。

师:所以我们看得出庄公这个人怎样?我们用文中一句话来评价一下。

生:肉食者鄙。

师:这里的"鄙"是什么意思?

生:目光短浅。

四、战时战后,别出心裁

师:我们刚才看到的是战前的对话,我们再来看看曹刿和庄公的战时对话。请同学们读一读文章的第二自然段,找出庄公和曹刿的对话。

(学生读课文,找出相关的语句。)

生:未可　可矣　未可　可矣。

(教师板书)

刿曰:未可

刿曰:可矣

刿曰:未可

刿曰:可矣

(教师把这些句子分别打印在A4纸上,并排列在黑板上。)

师:同学们,这里的对话有什么特点?

生:这里不能称之为对话,因为只有曹刿一个人的语言描写,没有庄公的话。

师:曹刿是在什么情况下说这些话的?同学们能不能分别在这四次回答之前加上一个四字短语表示曹刿说话的情境?

(学生板书)

公将鼓之　刿曰:未可

齐人三鼓　刿曰:可矣

公将驰之　刿曰:未可

登轼望之　刿曰:可矣

师:同学们觉得需要修改吗?曹刿是在什么样的情况下觉得可以追击了?

(学生修改)

公将鼓之　刿曰:未可

齐人三鼓　刿曰:可矣

公将驰之　刿曰:未可

辙乱旗靡　刿曰:可矣

师:这里的"靡"是什么意思?

生:是倒下的意思。

师:补上这些内容后,同学们可以看到庄公和曹刿这两个人物形象有什么不同?

生:庄公比较愚蠢,不懂战争。

生:曹刿比较果断,深谋远虑,善于把握战机。

师:我发现曹刿在战时和庄公的对话与战前和庄公的对话在描写内容的多少上不一样,战时的对话中,内容写得太少了。曹刿说的内容里缺少了什么呢?

生:缺少了这样做的原因。

师:课文里,这个原因有没有写?

生:写了。

师:在哪里写的?

生:在文章的第三小节中写的。

师:哪位同学来给大家读一读?其他同学在听读的时候思考:曹刿的这番话解决了哪两个问题?

(学生读课文)

生:解决了"为什么要在齐人三鼓之后进军?"和"为什么要在下视其辙,登轼而望之后追击?"这两个问题。

师:那好,我来问,请同学们用原文中的语句来回答。

师:为什么要在齐人三鼓之后下令进军?

生:夫战,勇气也。一鼓作气,再而衰,三而竭。彼竭我盈,故克之。

师:为什么要在下视其辙,登轼而望之之后追击?

生:夫大国,难测也,惧有伏焉。吾视其辙乱,望其旗靡,故逐之。

师:下面,老师想请同学们一起来完成一个非常浩大的工程,想请同学们把在第三小节里曹刿所说的内容插入第2小节的对话中去。同学们试试,看看能不能做到。注意,在插入时,有些地方要稍作调整。看看哪位同学做得最好,做得天衣无缝。

(学生读文章、思考)

生:

公将鼓之,刿曰:"未可,夫战,勇气也。一鼓作气,再而衰,三而竭。"齐人三鼓,彼竭我盈,刿曰:"可矣!"故克之。齐师败绩。

公将驰之,刿曰:"未可,夫大国,难测也,惧有伏焉。"下视其辙,登轼而望之,曰:"可矣,吾视其辙乱,望其旗靡。"故逐之。

(学生自发地鼓掌)

师:这个改写得太精彩了,简直是天衣无缝,也许大部分同学改的都和她不同吧?有没有其他的修改方法呢?

生:

公将鼓之,刿曰:"未可,夫战,勇气也。一鼓作气,再而衰,三而竭。彼竭我盈,方可克之。"

齐人三鼓,刿曰:"可矣。"

公将驰之,刿曰:"未可,夫大国,难测也,惧有伏焉。若视其辙乱,望其旗靡,方可逐之。"

辙乱旗靡,刿曰:"可矣。"

师:这个改得也很好,很清晰。

生:老师,但是我觉得不能这样修改,因为这是在激烈的战场上,这样写不符合实际情况,哪有那么多时间在那里解释原因啊?

师:你对老师的质疑非常有价值,这其实是我接下来要问大家的问题,你没等我问就已经发现了,这个同学真的很不简单。在当时激烈的战场上确实不容许曹刿有这么多的时间给庄公作出解释,等到战争结束之后再来详细地说明。那么有没有其他的理由可以解释作者为什么要把曹刿的理由放到战后去写呢?

生:可以设置悬念,激发读者的阅读兴趣。

师：其实，如果战时的对话也写出原因，再写结果就和战前的对话形式上重复了，这样写行文的形式就显得单调了。

五、短句过渡，韵味无穷

师：同学们有没有注意到，我们在变化形式的时候，第三小节中有一句话被我们弄丢了？

生：既克，公问其故。

师：能不能丢掉？

生：不能丢掉，没有这句话就不能引出下面的内容，结构就不清晰，过渡就不自然。

生：不能丢掉，丢掉就不能表现出庄公的愚蠢。

生：丢掉不能体现出战争的结局。

六、巧妙小结，结束全课

师：不错，从这句话确实可以看出庄公的"鄙"，写庄公的"鄙"是作者的目的吗？

生：不是，作者是用庄公的"鄙"来反衬曹刿的远见卓识，比如政治远见和军事才能。

师：好，下课。

（南通市东方中学　缪志峰）

11. 教师"想通"与学生"想通"之间

——执教《曹刿论战》反思

教学自省

　　《曹刿论战》是初中语文课本里的一篇经典篇目，我已经教了好多遍了，一直是按照文言文解词释句的方法按部就班地给学生讲解的。这次备课的过程中，我反复地把文本读了又读，自己觉得颇有心得，那么，又怎样让学生在课堂上，在老师引导下把老师的"想通"变为学生的"想通"呢？只有学生"想通"了才能体现课堂上老师的"真教"和学生的"真学"，学生才能真正习得分析文本的能力和技巧。在备课和课堂活动的进行中，我都在试图解决这样的问题，下面我想把这个过程表达如下：

　　一、钻研教材，揭开文本的面纱

　　好的文本，它的精妙之处总是深深地蕴藏在文章的字里行间的，《曹刿论战》同样如此。比如文章开头的连续短句的运用，作者意在通过这样的形式营造一种大战即将到来的紧张、压抑的气氛；比如战前庄公和曹刿的对话看似不符合常理，却又在情理之中，在这样的错觉和矛盾中曹刿和庄公的形象分外鲜明；比如战时对话的简洁明了、干净利落，悬念重重，这样的表达形式的设计既符合了战争进行时的特点，同时也起到了非常好的艺术表现效果；比如战后对话，曹刿的滔滔不绝、侃侃而谈，不仅仅拂去了读者心头的疑云，同时也印证了曹刿的政治谋略和军事才能，等等。这些特点主要表现为语言表达和行文构思两个方面，这些特点都是这篇经典篇目留给我们的最宝贵的语言学维度的价值。

　　我想通这些内容之后，非常兴奋，觉得自己看到了文字背后的深意，能够稍稍读出作者的创作意图,现在的问题是:怎样引导学生也产生类似的感受呢?

二、设计教法,搭建"通想"的桥梁

感受和解读文学作品的最好的方法莫过于对语言文字进行咀嚼和品味,带领学生阅读文本也应遵循这样的方法和规律。如果只是把老师的解读简单地,像市场批发货物一样硬塞给他们,不但孩子们阅读和鉴赏的能力没有得到增强,反而给他们增添了很多烦恼和负担,因此,我在设计教法时也遵循了这样的原则。

比如,我想让学生体会到作者描写曹刿和庄公战前对话的目的和意图,我在设计中让学生进行了自由读、分角色读、垫补读、分角色写、板演等,在这一系列过程之后再让学生思考"从庄公和曹刿的对话当中,有没有听出什么不符合常理的地方?"。这个问题的提出是以一系列语言实践活动为基础的,我想要通过这些语言实践活动让孩子们充分地沉浸到文章的字里行间去,让这些语言文字融入他们的心中,让他们揣摩出字里行间的韵味来。

通过这样的反复诵读、比较和推敲,同学们终于感觉到了战前曹刿和庄公的对话是不符合常情的,曹刿的盛气凌人、庄公的唯唯诺诺等都是一反常理的。读出这种感觉之后,自然而然地引导学生思考"为什么会这样呢?"。

在没有给出任何补充资料的情况下,学生只能靠推测来解释原因,这样的推测增强了学习的挑战性,调动了学生学习的积极性,文章背后的这些原因正是学生"一望而不知的",推测原因的方法也是文本解读常用的方法。这样的学习不仅仅让学生欣赏了经典的名篇,更让学生体验了一般的文本解读的过程,提升了学生解读文本的能力。

为了让学生体会文章开头三句话"十年春,齐师伐我。公将战。曹刿请见",体会这样的语言表达形式在营造大战即将临近时的紧张、压抑的氛围,我给学生补充了齐鲁长勺之战的相关背景知识,还有《左传》中关于"九年秋"的一段记载,这些内容都让学生能够准确把握作者的表达意图、有了具体可感的抓手。这些材料同时也证实同学们对庄公和曹刿对话不合常理原因的推测,是对前一个学习过程的关照和反馈。

为了让学生体会到作者在描写曹刿和庄公战时对话的简洁明了、干净利落,我在设计中让学生把战后曹刿对战胜原因解释的话插入战时对话中来。好的文学作品,就是一件完美的艺术品,我们不能够对其进行肢解,更不能够断章取义。我们应该注意到文学作品的前后勾连、照应。我试图通过这样的活动让学生更加亲近文本,熟悉文言表达的形式,更是为了通过比较的方式让学生体会作者的艺术表达手法。在实际的课堂教学过程中,学生对文章的修改能力远远超出了我的想象,这表明这样的学习形式调动了学生学习的积极性,激发了学生学习文言的潜力。另外,课堂上一位同学在说出自己的文章的修改意见之后,紧接着提出"文章不能这样修改",学生这样的表现让我非常感动。"他能够先完成老师的要求,然后再提出自己看法"的做法体现了一位中学生对老师的尊重,对语文学习的正视以及个人自身良好的修养;这位学生的表现也表明语文课堂上的这种语言实践活动的形式是有效的,在老师想要传达给学生"义"的活动过程中由学生自然而然地感受到了问题所在,这样的学习过程是深度的,是有效的,是我们所追求的"真教"与"真学"。

这样的设计和教学过程,架起了从教师"想通"到学生"想通"的桥梁。

三、课堂实践,点燃思维火花

这篇作品有其特定的历史背景、特定的历史文化氛围和文言的语言表达形式,学生对文本的解读还是有一定的困难的,如果仅仅是告知学生教师的理解,学生根本无法想通。所以在课堂实践的过程中,我尽量地利用语言这个桥梁,让学生慢慢地一步步地走近文本,走进文本。

比如,学生在分析曹刿和庄公的战时对话的时候,发现曹刿在战时所说的话非常简短,仅有"未可""可矣""未可""可矣"这样简单的四个词语。于是我试着让学生用四字的短语补全曹刿在说这样的话时的情境,学生很自然地说出"公将鼓之""齐人三鼓""公将驰之"这样三个词语。在概括第四个词语的时候,学生遇到了困难,一开始学生用了"登轼望之"四个字,其实,细细体会一下,"登轼望之"之后是不能立刻做出"可矣"的决定的,因为"登轼望之"会有两种不同的结果,通过这样的提示同学们在与同伴讨论之后终于发现用"辙乱旗靡"这四个字最为准确。这样的讨论让学生对文言词语"靡"字有了更为深刻的印象。

待到补全这些情境之后,同学们又一眼看出庄公和曹刿之间的对比,他们的形象在这样的对比之中越发鲜明。

在把战后的对话插进战时对话之后,同学们又发现了作者用最简洁的语言来描写曹刿在战时和庄公的对话,是最符合当时实际情境的,并且给读者设置了悬念,激发了读者的阅读兴趣,而这对于更进一步地塑造人物形象也有很巧妙的作用。

学生的思维火花之所以被激发出来,正是因为整个课堂实践活动都让学生沉浸在了浓浓的语言赏析和推敲的氛围之中。

四、思维深处,解读设计并重

反观这堂课,在教师的"想通"和学生"想通"之间,以语言为桥,以活动为纽带,确实起到了引导和启悟的效果,也许语文的学习就应该这样对学生进行影响和熏陶,应该像春雨一样润物无声,也或者应该像大雁一样悠悠地飞过天空,却不留下半点痕迹,而孩子们仍然记忆犹新。

然而要想激发学生思考的热情,引导学生进入思维的深水区,前提条件是教师对文本要有更为深入的解读。这里的深度解读是要读出作者隐藏在文本的字里行间的表达意图,要能够读出作者的巧妙的匠心,更重要的是要读出为了表达作者特定的意图而采用的语言表达形式。就如这篇课文,我以为自己已经读懂了文章,课后在导师团中严清老师点评时才发现其实还有很多隐藏的精妙之处我并没有发现,而这些精妙之处正是语言值得玩味、有意思、能引起学生参与兴趣的地方。看来,要想让语文课堂更有意思,要想让学生"想通"的前提是教师备课时首先要能够"想通"。

接着,就是教师的"想通"如何真正地打通学生的思维。要想真正打通学生的思维,就必须以恰当的活动形式,引导学生积极参与、实践、思考。如果只是简单地把教师的"想通"通过告知的方式直接"批发"给学生,那么学生学习将变得被动、低效而痛苦。在"解读"与"设计"之间有一条漫长而崎岖的道路,这条道路上有"尊重学生的主体性",有"提升学生的核心素养"等,这些教学的规律和原则我们需要遵守,所以,我认为一名好的语文老师在自己"想通"和学生"想通"之间必须做一个有创新意识的设计师,只有好的设计才能轻松地引领学生走过语言这座桥,轻松地进入一个独立的、封闭的文本空间。

这节课给了我很多启发。我想,老师的"真教"就是在教师的"想通"和学生的"想通"之间做一些事,在教师"想通"和学生"想通"之间,我们应该还有很多事可做!

(南通市东方中学　缪志峰)

12. "通想"与"想通"

——评缪志峰老师的《曹刿论战》一课

同行点评

我一直认为语文教学如果不抓语言的学习,那就叫作"不务正业",缪老师的这一节课能够做到从语言入手,是一堂实实在在的语言教学的课,他并没有从《曹刿论战》的史学价值和文学价值的维度来解读。听完这一节课,我把它概括为"通想"和"想通"四个字,具体怎么说呢?

一、以时间为主线,一气呵成

本节课的课堂结构形式来源于文本的内部结构形式,这也是缪志峰老师所追求的"素朴循真"的语文课堂教学风格的体现。《曹刿论战》这篇课文是以长勺之战的过程为顺序的,时间顺序是作品内在的逻辑顺序。缪老师在课堂上引导学生抓住"战前""战时""战后"这样的关键词重点赏析曹刿和庄公的对话。这样的课堂结构形式契合了文本的内部结构,能够让学生抓住一条课堂的主线,容易吸引学生的注意力,让学生学起来比较轻松自然。

这样的线性的课堂结构形式也有利于学生对文本的整体把握,缪老师领着学生对战争前后关系进行勾连,体会作者的巧妙构思,在这个过程中把语言学习的任务一个个地落实,这样的设计是非常合理、非常巧妙的。

二、以辩议为方法,深度学习

这节课应该算是《曹刿论战》的第二课时,课上缪老师也提到,他已经利用早读课的时间带领学生们疏通了文章的字词,朗读了文章,那么在这个基础上怎样更加深入地来学习文本呢?缪老师采用了让学生辩议的方法。

比如,在学习战前曹刿和庄公的对话的时候,缪老师让学生通过读写的方式再次感受了文本,然后提出"你能不能读出这段对话中不符合常理的地方?",学生们在老师的引导下陆陆续续地读出来了。教师再通过补充一些材料和信息的方法,让学生想明白这些不符合常理的地方其实是非常符合当时的实际情势的,这样学生就想通了,想得深入了。

三、以语言为抓手,有感有悟

要想让学生体会到文本的精妙、感受到作者的表达意图,以语言为抓手是非常有效的方法。

比如,在缪老师的这节课上,为了让学生体会到庄公的人物形象,老师带着学生一起去品析曹刿和庄公的对话,抓住"弗敢"这个词,这样一来庄公的懦弱形象学生就体会出来了。再比如抓住战争过程中曹刿和庄公的对话,引导学生体会庄公的"鄙",特别是引导学生想象战场上庄公的命令被曹刿否定后的神态,这个设计是非常巧妙的。包括最后抓住"既克,公问其故"让学生体会语言表达效果的环节,都体现了缪老师以语言为桥梁,引导学生感悟的教学思想。

四、变换表达形式,臻于想通

作者的构思和语言表达都是非常精妙的,怎样才能让学生充分感受这种精妙呢?变换语言形式无疑是非常好的一种课堂学习活动的形式,通过比较,学生的感受会更加深刻。

本节课上,缪老师带着学生一共进行了四次语言表达形式的变换,比如他把战前曹刿和庄公的一段对话变换为"乃入见。刿陈以事实,晓以利害,告公曰:'民乃战之本也,取信于民,方可一战'",这样一来,学生一下子就明白了作者采用对话的形式的妙处所在。再比如,缪老师还让学生把战后对话插入战时对话中去,把变换之后的表达和原文进行比较,学生们也终于明白作者表达的巧妙。用这样的方法让学生想通,是符合语文学习的最根本的规律的,也是我一直提倡的。

总之,这节课整体上说是一堂好课,但是我们怎样才能在这个基础上进一步提高语文课堂的质量呢?我们还是要从语言表达的形式上入手。我们如果想要学生们想通,我们老师首先要想通。比如文章的开头,缪老师也在课堂里和学生分析了"十年春,齐师伐我。公将战。曹刿请见"这句渲染的战争之前的紧张、压抑的气氛,然而我们细细品读,还不仅仅于此。"十年春,齐师伐我。公将战",这是表明一场大战即将到来,气氛凝重,然而我们再往下读"曹刿请见",这又是一种转机,表明一个重要的人物出场了。再比如,乡人们所说的话用了很多的虚词"肉食者谋之,又何间焉",而曹刿的回答没有一个虚词"肉食者鄙,未能远谋",斩钉截铁,简洁果断,等等,这些需要我们老师进一步深入地去阅读文本。

(南通市名师导师团　严　清)

13.《猫》课堂实录

郑振铎的《猫》是语文教材中的经典,原本是作者散文集《家庭的故事》中的第一篇。相对于其他一些散文(当然,对于该文的文体认知并不完全相同,据相关考证,有认为是小说的,有认为是记叙文的,本文循其源头,认定为散文)而言,《猫》这篇课文通篇语言朴实无华,三次养猫的过程在这样的语言中娓娓道来,作者在养猫过程中复杂的思想感情,在面向初中学生逐步呈现的时候,文中所蕴含的作者的一些认知与情感,也就可以逐步渗透到学生的成长过程中,一些良好的品质也就可以在这样的过程中慢慢养成。实际教学中,以向善的品质的养成,以说猫、说人、说文为主线线索,可以让学生在文本的阅读过程中,逐步形成一种向善的品质的认识。引导学生向善,很大程度上并不是老师的刻意讲解,有意地引导,更多的应当是在学生对课文深度阅读之后形成的自我认识,教师的作用应当是发掘学生的自我认识,或者是放大学生的自我认识。

下面谈谈我的一些教学反思。

课堂再现

课堂引入。(略)

师:猫是一种乖巧、可爱的动物。作家郑振铎家里就养过三次猫。今天咱们就一起来聆听他们家养猫的故事。今天咱们采用的方法是说读,咱们说读的话题主要有三个,分别是:说猫、说人、说文。(板书:说猫、说人、说文)

一、说猫

师:咱们首先来说第一个话题:说猫。课文说到了猫的什么呢?

生:课文说了猫的来历,说了猫的特点,还说了一件小事——帮作者捉老鼠……

生:它还会爬树,还会去晒太阳。

师:你读书就比较仔细,"会爬树,还会去晒太阳",可见,我们在平时读书的时候要关注细节。

生:它不怕生人,而且有时还会去捉蝴蝶。

师:第三只猫没有前两只猫那么活泼,那么可以用一个什么词来修饰呢?

生:忧郁。

师:它很忧郁,请继续。

生:有一次我误会了它,还打了它,两个月之后它死在了邻居家门口。

师:同学们有没有发现这三只猫虽然性格不一,但是它们的结局都是一样的?

生齐答:都死了。

师:这三只猫的命运也可以用课文中的一个词来概括。

生齐答:亡失。

师:因为它们的命运最终都是亡失,所以在回忆三次养猫的经历时,课文的感情基调是一种淡淡的忧伤。同学们感受到了吗?

二、说人

师:下面咱们进行第二个板块的学习——说人。说什么呢?(板书:养猫之乐和失猫之痛)请同学们继续看有关养猫之乐的文字,看看养猫给作者带来了哪些快乐?

生:养猫给"我们"增添了许多新鲜的色彩。

生:可以让"我"坐在藤椅上笑着消耗一两个小时的光阴,在心上感受着生命的新鲜与快乐。

生:而且它有时还帮"我"捉老鼠,让"我"在夜晚不再听到老鼠的声音。

生:"我"买来铜铃挂在它的脖子上。

师:把铜铃挂在脖子上,如果是挂在一只活泼的小猫的脖子上,叮叮当当肯定很快乐。请问在这里买铜铃,这只小猫此时活泼吗?

生齐答:不活泼。

师:此时能让人感受到快乐吗?我们的心情是沉重的。我把刚才前面三位同学的发言连起来说说。养猫之乐,乐在哪里?乐在让我感受到生命的新鲜和快乐,乐在让我享受到夜晚睡眠的安宁,它还可以让我领受到如家人一般的温情。最后一点是老师补充的,你能够在课文中发现这一点吗?

生:是第9段。

师:它还可以让"我"感受到如家人一般的温情,再思考。

生:大家都不高兴了,好像亡失了一个亲爱的同伴。

师:大家找到的是"同伴"这个词,可是说这个话的时候猫已经亡失了,咱们要谈的是"养猫之乐",是"乐",肯定是还没有亡失。在对第二只猫的描写当中,有这么一句:"我"回家吃中饭,总看见它坐在铁门外边,一见"我"进门,便飞也似地跑进去了。这只猫在门口干吗啊?

生齐答:等"我"。

师:等"我"下班。"我"一回来,它很开心,跑在前面就奔回去报信啦。你说是不是像一个家人在等"我"回来啊?在猫身上"我"感受到家人一般的温情。养猫给"我"带来了乐趣,所以一旦失去猫,"我"不免辛酸和痛苦。下面请同学们自由地朗读课文,找出表达作者失猫之痛的句子,把它圈画下来。

(学生边读边圈画课文)

师:请同学们注意,不要漏画,尤其是不要多画。

生:"我也怅然的,愤恨的,在诅骂着那个不知名的夺去'我们'所爱的东西的人",从这里可以看出作者的痛心,他非常喜爱这只小猫,它好像是作者生命的一部分。

师:你说得真好,生命的一部分被人夺走了,除了愤恨,还有一种怎样的情感?

生齐答:怅然的。(板书:怅然)

……

师:咱们班朗读比较好的是哪位同学啊?我请她读一个小节,我相信其他同学也能读出和她一样的效果来,好不好啊?请你读第29段。

(学生朗读第29小节)

师:哪一句话成为这一小节表现作者痛悔心情的标志?

生:最后一句话。

师:最后一句你认为要用什么语气来读?

生:愧疚。

师:愧疚的语气,在读这一句的时候声调要低沉,语速再慢点,再试一次。

就读这一句。

（学生朗读）

师：很好，第 30 段我请一位同学来读，谁愿意来试试？

（学生朗读第 30 段）

师：读得怎么样？谁来评说一下他的朗读？

生：我感觉"我十分难过"这里要读得慢一点，这样更能突出作者当时悲伤难过的心理。

师：我同意你的观点。（示范读：我心里十分难过）是这个效果吗？有没有同学觉得还有其他可以改进的地方呢？

生：我觉得"益使我感到我的暴怒，我的虐待"，那是作者受到良心的谴责，语气应该读得重一点。

师：同学们的动情朗读感染了我，老师有一个提议，咱们读完了来说说自己的感受。请分析一下，我们说养猫之乐好像没说到第三只猫，那么第三只猫死了以后为什么"我"却是这样难过，要比前两只猫难过得多呢？

生：因为以前"我"曾经冤枉过它一次，而且还打了它。

师：冤枉过它，还追打它。还有吗？

生：因为"我"的良心受伤了，"我"受到了良心的谴责。

师：在这篇课文里面，作者想表达的就是一种对生命的平等尊重。（板书：平等地对待生命）作者把这样的一个道理通过养猫经历来表现，我们读者就对这样的道理有了更深刻的感受，所以这篇课文在语言和结构上也是别具匠心的。

三、说文

下面我们就来说文，说什么呢？说它的语言之妙和结构之巧。（板书：语言之妙和结构之巧）这篇文章的语言有很多个妙点，但是我们这堂课只做一件事，咱们说语言之妙只说作者描绘三只猫的相关文字的传神之处。

生：第一只猫是"花白的毛，很活泼，如带着泥土的白雪球似的"，因为白色的毛上面还带着一点花纹，所以就如同白雪球上面还带着点泥土。

师：妙在外形的描写逼真传神，继续。

生："常在廊前太阳光里滚来滚去"，写出了小猫的活泼，喜欢和人玩耍。

师：用词之妙，"滚来滚去"写出了这只小猫的旺盛生命力。

生："扑过来抢，又扑过去抢"，作者运用动作描写来突出小猫的活泼可爱。

师：动作描写之妙，还有其他的精彩动作描写吗？

生："它在园中乱跑，又会爬树，有时蝴蝶安详地飞过时，它也会扑过去捉。它似乎太活泼了，一点也不怕生人，有时由树上跃到墙上，又跑到街上，在那里晒太阳。"

师：非常精彩的一系列动作！建议同学们把这一连串的动词圈出来，在旁边写上一个词语的点评，写哪个词语呢？活跃，是吧？同学们也是很喜欢第一只和第二只猫，评说得比较多。咱们看看写第三只猫的语言，有没有妙处可寻呢？

生：第15段的第6行，"过了几个月，它在'我家'仍是一只若有若无的动物"，为什么会"若有若无"呢？如果它是一个非常引人注目的猫，那么肯定所有人都非常喜欢它，它之所以若有若无，那就说明它不引人注意，它不活泼，表现它的忧郁。

师：你关注的是锤炼词语的妙处，从"若有若无"这个词语看出这只猫在"我们家"没地位，"我们"不喜欢它。继续。

生："毛色是花白，但并不好看，又很瘦"，还有"毛被烧脱好几块，更觉得难看了"，从这里可以看出这只猫并不是很好看，所以大家也不会很喜欢它。

师：抓住特征进行外貌描写。同学们看，在写三只猫的时候，作者是很注意语言运用的，运用细致描写，注意锤炼词语，写动物，写出了动物的不同个性。那么，我们写人，是不是也要写出人的不同个性来呢？接下来，我们来说说课文的结构之巧。

生：将前两只猫和第三只猫进行比较，就能看出最后一只猫很丑，命运也更悲惨。

师：也更好地表现自己的痛悔之情，这也是落笔的重心所在。

生：从作者写第二只猫亡失了以后，他写"自此，我家好久不养猫"；第三只猫亡失了以后，他写"自此，我家永不养猫"，从这里可以看出第三只猫的死亡更让作者感到自己的过失，十分痛悔。

师：这两句话实际上使课文的层次感更清晰，使我们感觉到写三只猫是按照情感逐步加深的顺序来写的。你的眼光很独特！

生：在每一只猫亡失了之后，作者都对养这只猫的感受加以总结。

师：不是加以总结，是都有对这只猫亡失以后心情的抒发，同学们有没有注意到写三只猫都有抒情？都有回忆与这只猫相处的事情？再往前推，都有这只猫的……

生齐答:来历。

师:这么看来,每只猫都是按照三层式的结构来写的,哪三层呢?先引入对象,写这只猫是怎么来的;再叙说事情;最后抒发情感。这种三层式的结构是这篇课文结构的特色之一,它使文章脉络清晰,结构紧凑。我们以后写文章也可以借鉴这样的方法。

(教师讲话中有停顿,示意学生记录)

师:同学们,这篇课文通过回忆三次养猫的经历,告诉我们要平等对待生命,我们只有平等地对待它们,尊重它们,我们才能感受到生命和谐之美。

……

(南通市竹行中学　孙美华)

14.《猫》教学反思

教学自省

上完这节课,反思这一教学过程,我发现其实像《猫》这样的一篇看似朴实无华的课文,却是一篇很好的引导学生向善的文本。"猫"与"人"之间的关系是整个课文情节得以展开的重要线索,而以此关系书写出的"文"则成为表达这种关系进而彰显人的内心认知与情感的重要载体。从学生良好品质培养的角度来看,通过说猫、说人与说文,可以让学生在"说"的过程中,对猫与人之间的非常细腻的关系进行梳理与解读,进而可以让学生认识到无论何时何地,要善待生命,这样才能让自己的胸怀变得博大,同时对人与事都不能过于主观臆断,不能妄下断语,这样才能让自己以更为宽容、平和的心态,面对那些可能引起我们或喜或悲、或怒或爱的事或物。

从教学现场来看,说猫、说人、说文三个环节中,都有值得探究的内容。

先说"说猫"环节。"说猫"说的是"猫的生命之美和命运之悲",课文中令学生印象深刻的是课文的最后一句——"自此,我家永不养猫"。在教学本文的过程中,我发现学生对这一句的印象是非常深刻的,好多学生正是在这一句的影响之下,再去回头一遍又一遍地读《猫》、说猫的。猫的生命之美体现在哪里?从课堂教学的现场来看,生命之美体现在"第一只猫在阳光下打滚,还扑来扑去地和三妹做游戏"上,体现在"第二只猫比第一只猫更加活泼可爱,晚上还捉老鼠,会爬树,还会去晒太阳"上。命运之悲则更多地体现在猫的离去上,如第一只猫的"眼睁睁地看着它在两个月以后离开了我们",第二只猫的"最终还是被别人抱走了",尤其是第三只猫,描写最为详细,命运最为曲折，最后所浓缩的"亡失"一词，直让人扼腕叹息，命运之悲的描写细腻无疑。从品质养成的角度来看，通过这样的教学，学生可以在说猫的过程中理解人对猫的情感，并在情感生成的过程中生成品质认知。毫无疑问，文章对第三只猫的描写是浓墨重彩的，正如有的研究者所说，文章对第三只猫的描写细腻灵动，尤其以"蜷伏"这个动作为最，作者对第三只猫充满深情和歉疚。"永不养猫"写出了作者心情的复杂，而"不能语之"的表白写出了"我"内心因为无法补救而产生的苦闷悲凉，在一定程度上折射出当时相当一部分知识分子的社会关怀。在我看来，身处课堂上的初中学生，原本就有知识分子的意蕴，在学生阅读文本的时候，实际上就是作为知识分子的学生，与作为知识分子的作者的对话过程，在这样的对话过程中，品质养成是必然的。

　　再说"说人"环节。"说人"说的是"人的养猫之乐和失猫之痛"——需要解释的是，虽然本段重点写的是"说人"，但在本文中，人与猫是密不可分的，因此说人的过程，实际上也离不开说猫，只是侧重点有所不同而已。在生活中，猫是令人喜爱的动物，所谓喜爱，正是因为人愿意将自己的情感中的美好的部分，如喜、爱等，寄托在猫的身上，所以有人说：猫，常因其乖巧活泼而招人喜爱。老舍把猫当作家中的一分子；冰心还曾因为丢失了心爱的猫，在大学校园里张贴寻猫启事……，因为人对猫有了感情的寄托，所以在《猫》这篇课文中，说猫也就成了说人的内心情感。很显然的是，课文中提到了三只猫，作者怀有的情感是各有不同的——需要注意的是，在课文中，人对猫的情感实际上是逐步加深的，在第一只猫离去的时候，作者感到辛酸，第二只猫离去的时候，作者感到悲伤，作为重点描写的第三只猫，在说的过程中则更是别有滋味。

　　用文中的话说，第三只猫离去时，作者的心情是痛悔。一个非常有价值的环节是，在教学现场，好多学生提出一个观点：在阅读第三只猫的相关描写的时候，要用痛悔、愧疚的语气来读，而在此基础上教师则是直接且明确地提出，阅读的时候"声调要低沉，语速再慢点"。事实上，在阅读的过程中，师生在此处确实花了很多的时间，这个时间就是用来琢磨如何阅读的，譬如其中有一个非常好的细节就是，有学生提出"我感觉'我十分难过'这里要读得慢一点，这样更能突出作者当时悲伤难过的心理"。而在进一步按照这个要求来朗读的时候，无论是教师的范读，还是学生的朗读，都能够充分地表现出作者内心对第三只猫的愧疚……由于这样的教学环节的出现，课堂上的几乎所有学生都沉浸在一种愧疚的心境当中,这种愧疚对于学生向善的品质养成,显然又是一个催化剂。

无独有偶的是,学生在愧疚心情的作用之下,不少学生将反思的目光投向了自己,他们在朗读课文中"益使我感到我的暴怒,我的虐待"这一句的时候,好多学生的语气不知不觉地加重了,课文中所描写的作者受到自己良心的谴责的情形,似乎就发生在学生自己身上,学生在加重语气的过程中,有一种非常明显的自责心理。课后我在与学生交流这段阅读的时候,一个学生说:"老师,我读到这里的时候,内心真的有非常明显的自责心理,虽然没有养过猫,没有出现过冤枉猫的情形,但我确实做过错怪家人的事情,那个时刻我内心就非常后悔,自责的心理非常强烈,我觉得我应该回去跟家人道歉……"这个孩子说到这里时,眼眶中已经满是泪水,那一瞬间的对话气氛也非常感人,我后来想,语文教学要体现人文性,哪里需要老师在课堂上喋喋不休呢?只要让学生有这样的认识,教育的目标自然也就达到了。

最后说"说文"环节。"说文"说的是"说文的语言之妙和结构之巧"。相对于说猫和说人而言,说文更多的是跳出作者写作的视野,从一个阅读者、反省者的角度,去看这篇课文的写作特点与对人的教育价值。当然,这样的过程也是建立在学生对课文高效阅读的基础之上的,关于阅读,王荣生教授有这样的论述:"阅读,是某种特殊体式的具体文本的阅读"。正因为如此,可以认为阅读是一种文体思维,而在备课时教师的文本解读,就要依据这种体式的特性。

实际上,作者郑振铎在写猫的时候,功夫是非常了得的,当然这种了得并非作者刻意所为,恰恰是作者在日积月累的过程中形成的笔尖功夫,使得他在写家中所养的猫这样再平常不过的事物,也能够将许多细节尤其人的内心情感描写得淋漓尽致。例如,有学生在阅读的过程中通过寻找发现,其实作者在亡失了第二只猫之后,就有一句——自此,我家好久不养猫;这实际上已经显示了作者内心的一种思想感情;但这种思想感情却并非完美无缺,相反却是有着明显缺陷的,这在第三只猫出现在家里的时候,表现得非常充分。事实上,作者对第三只猫并非一见钟情,一只不好看又瘦的流浪猫,既不活泼,又不像别的小猫一样喜欢玩游,"大家都不喜欢它",甚至大家都感觉这只猫天生忧郁,于是它就成了一只"若有若无的动物"。

这样的描写,在有的学生看来,就是这只猫后面遭受悲惨命运的伏笔,正因为这只猫是如此不受待见,所以其后哪怕是没有做坏事,但一旦遇到可能是猫做的坏事的时候,它就成了最重要的"嫌疑猫"。当学生在课堂上出现这个想法的时候,我觉得自己必须干预一下,因为这样的认识实际上是一种有风险的认识,这个风险就是对人性认识的风险。诚然,作者跟许多普通人一样,难免以貌取"猫",但这种人性在课文的最后,恰恰是需要矫正的对象,因此作者才有了愧疚,才下决心永不养猫。所以我在面对学生的这一反应的时候,立即调整教学,让学生去进一步阅读课文,寻找作者的心路变化痕迹,于是学生在阅读之后进一步说文,有的学生的认识是:其实每一个人的人性中都有弱点,以貌取人既是人之常情,同时又是必须避免的,我想作者最后决定永不养猫,就是为了让自己能够永远记住第三只猫,永远记得自己是如何冤枉第三只猫的……只有通过这样的记忆与反思,才能让自己的灵魂得到净化,让自己的境界得到提升……

在真正深入课文阅读之后,这个学生的这段发言获得了许多学生的认同,原本有着怨恨想法的学生,心头的乌云也被一扫而空。而在笔者行文的时候,尤其是在确定了以人性作为写作主题的时候,发现这其实也是学生的向善品质得到生长的一个重要的过程。

(南通市竹行中学　孙美华)

15.《猫》课堂教学点评

同行点评

  引导学生的人性向善,很大程度上并不是教师的刻意讲解,也不是教师装作无意识实则有意的引导,更多的应当是在学生对课文深度阅读之后形成的自我认识,教师的作用应当是发掘学生的自我认识,或者是放大学生的自我认识。谈到这里,不能不说当前流行的深度学习,如果说对《猫》这样的一则文本的阅读,在认识其传统价值的同时,还能够从人性的角度形成认识,这就是深度阅读或者说深度学习的结果。有同行认为,要实现初中语文阅读教学的深度学习,必须追根溯源,找到深度学习的源头——文本,只有深度解读文本,才能让深度学习变成有源之水。对此,我深表认同,无论是作为散文,还是作为小说,《猫》这篇课文其实都是指向人性的,而这种人性的描写不是直接通过文字来体现的,而是学生通过对文本的阅读来逐步体悟出来的,这是一个"水落石出"的过程,而"水"之所以能够"落",正是来自学生的深度学习,"石"之所以能够"出",更是学生在深度学习的过程中主动建构的结果。显然,这里的"石"就是"人性"的隐喻,学生最终认识到的人在看待事物时候应当采取的理性、平和的态度,不主观臆断的选择,热爱动物的博爱胸怀等,都是人性向善的具体表现。

  总的来说,《猫》以"我"的情感变化为线索,叙述了三次养猫的经历和结局,表现了作者对弱小无辜的同情,抒发了作者深沉的歉疚和懊悔之情。在实际教学的时候,我感觉这样的观点作为专业读者的语文教师是能读懂的,但是要把教师读懂的教给学生,却不能用"贴标签"的方式硬塞给学生,这涉及对学生阅读方法的指导,而所谓的指导,又不能过于显露痕迹,以"人性"为隐性线索,让学生在阅读的过程中逐步生成向善的人性,应当是本文有效教学的一个非常有价值的选择。应当说,中国传统文化中对于人性向善是非常强调的,语文学科核心素养中强调"文化传承与理解",从某种程度上来看,用人性养成去引导对《猫》这篇课文的解读,实际上也就寻找到了文化传承与理解的路径。

参考文献

[1] 王春红. 蜷伏里的悲悯——郑振铎《猫》的文本解读[J]. 语文教学之友,2017(5):30-31.

[2] 丁霞. 层层品读 披文入情——《猫》文本解读与教学设计[J]. 七彩语文(中学语文论坛),2016(6):24-25.

[3] 牛小溪. 基于体验性活动链的《猫》教学探索[J]. 语文教学通讯,2018(36):33-35.

[4] 周爱国,田朋. 深度解读文本,开深度学习之源——以《猫》为例浅谈文本解读与深度学习[J]. 湖北教育(教育教学),2017(12):19-20.

[5] 钟学卫. "文本结构三层次"理论在阅读教学中的应用——以郑振铎《猫》解读为例[J]. 课程教材教学研究(教育研究),2016(9):19-21.

(南通市竹行中学　沈明明)

16.《念奴娇·赤壁怀古》课堂实录

课堂再现

师:赤壁之战是一段传奇,赤壁也成全了许多佳话。用文字记述历史,将情怀寄寓其中。不久之前,我们欣赏了苏东坡的《赤壁赋》,大家对课堂上关于主客是否一体的辩论还有印象吗?

生齐答:有。

师:一篇赋,让我们随着苏子从乐到悲再到喜。今天,我们一起来欣赏他在黄州写的另一篇绝世妙文——《念奴娇·赤壁怀古》。首先,我们来明确学习目标。请大家来齐读。

(课件展示学习目标,学生齐读)

学习目标

1. 理解文本内容,初步了解豪放词,体会豪放词的风格。
2. 体会写景、咏史、抒情相结合的特点,品味鉴赏诗歌的语言。
3. 反复朗读,品味词人在作品中抒发的情怀,了解怀古词的情感特点。

师:词可以分为婉约词与豪放词。那么,这是一首什么词?

生齐答:豪放词。

师:对的,我们来看一张知识卡片,复习一下豪放词。

知识卡片一

豪放派,是形成于中国宋代的词学流派之一,与婉约派并为宋词两大词派。代表词人为苏轼、辛弃疾等。

豪放词由北宋苏轼开创,经南宋辛弃疾发展而推向高峰。豪放词派打破婉约词派的风格,风格豪迈奔放,意境雄浑豁达,语言流利畅达。

师:来,我们一起大声朗读一遍。

(学生大声齐读)

师:现在请告诉我,豪放是什么意思?

生:豪迈奔放。

师:很好。下面请大家按照自己对本词的理解来朗读,寻找节奏,注意轻重、缓急、抑扬等方面。

(学生自由朗读,然后齐读)

师:在这里注意两个字的读音。小乔初嫁了,"了"读 liǎo,一尊还酹江月,"还"读 huán。其实,从词意和句意的角度,读 le 和 hái 也可以。我们依据古音和利于朗读效果的角度这样读。集体的朗读看不出个人的风采,我们现在请一位同学来展示一下独特的魅力。

(生1朗读,有学生鼓掌)

师:你在读的时候有意识地注意到节奏,并且在轻重上面有所变化。但是,语速的变化与情感的呈现还有所欠缺。我想,在我们分析理解了全词之后会有一定的提升。

师:这首词历来被认为是豪放词的代表,你从哪里读出"豪放"的味道?这些句子又是如何表现豪放的?

生2:我找的是开头三句——大江东去,浪淘尽、千古风流人物。这句写诗人站在江边远眺,回忆起古代的风流人物,抒发了诗人对时光流逝的感慨和对被浪花淘尽的英雄人物的万分敬仰,表现出一种万丈豪情。

师:请你再复述一下。

(生2复述)

师:对时光流逝的感慨和浪花淘尽了英雄是万丈豪情,这二者怎么理解?

生2:回忆古代英雄人物,苏轼也想像他们一样。他站在江边远眺,气势很豪迈。古代的英雄人物虽然随着江水流逝了,已经物是人非,但是苏轼他现在还是希望可以像他们一样,所以他内心还是豪迈的。

师:我们先解决一个问题啊,浪花淘尽英雄,浪花如何淘尽呢?

生齐答:是时光淘尽。

师:很好。大家还记得《赤壁赋》里面的一个注解吗?子在川上曰……

生齐答:逝者如斯夫,不舍昼夜。

师:大家一起来思考一下,千古的风流人物都被时光淘尽,想象一下:假如你是苏东坡,此时此刻也站在滚滚长江边,你会有什么感受?

生3:有点莫名的悲伤。

师:就是说不出来的悲伤,你一下子把我的后路都堵住了,让我不好再问。

(学生大笑)

师:我也赞成你的观点。由江水东流联想到时光流逝,一条大江就是一条岁月的长河,江水永恒流淌,而风流人物却消失在历史的长河中。想到这些,似乎多少有点伤感,有点低沉吧?

(学生笑)

师:这样看来,开头三句似乎不能都算豪放。第一句,"大江东去",横空而来,气势雄阔。但一个"去"字,就有远离而去的感觉。后面两句,"浪淘尽、千古风流人物",就低沉下来了。各种难以言说的人生感悟和生命思考就蕴含在这"淘尽"二字中了。伤感低沉与豪放没有多大关系,有点矛盾,一会儿我们再看。

师:(问生2)你现在赞同这个观点吗?

(生2点头)

师:下面继续欣赏"豪放",看看哪些地方表现明显。

生3:我找的是"乱石穿空,惊涛拍岸,卷起千堆雪"。它描绘了一幅波澜壮阔的景象,非常豪放。

师:我们能否再细致一点,做一个具体的阐述?先品味一下"乱石穿空"。

生3:……

师:我来帮个小忙,如何?抓住重要字或关键字。

(其他学生也在帮忙喊出了"乱"和"穿")

生3:"乱"写出了石头杂乱,"穿空"写出了山石高耸入云。

师:很不错呀,那么几块石头会显得乱吗?

生3:哦,还写出石头多。

师:对的,一个"乱"字,既写出了石头分布不规律,也表明很多,到处都是。而且,石头本身光滑整齐吗?所有石头一个样子?肯定不是。所以这个"乱"字更体现了石头本身的奇形怪状、参差交错。那么,"穿"字除了表现高耸陡峭之外,还有吗?平常"穿"这个字用在什么地方?

(有学生说"穿衣服",学生大笑)

（教师做穿针的动作）

师："穿针"大家都知道吧？有什么感觉？

生3：动态感，化静为动。好像要刺破天空。

师：欣赏得不错。你看，通过大家合作，我们鉴赏了"乱石穿空"的豪放之处，遣词造句，涵泳体味，大家看一下老师的点评。

（课件展示）

乱石穿空

乱，奇形怪状，参差交错。

穿，化静为动，险峻陡峭。

千峰如削，剑指苍穹。

绘其形，仰视之中，

展现

形态之美，参差之美，气势之美。

师：好，万事开头难。现在有了一个例子在前面，请大家启动聪明的小脑袋，继续欣赏点评其他两句。

生4："惊涛拍岸"，运用动作描写，写出了江水拍打岸边的壮阔气势。这一个"拍"字，非常有力度。

师："拍"为何有力度？我拍了一下你的肩膀，你感觉力度会有多大？

生4：……

（全班同学也在深思）

师：抓住"拍"，很好。它确实很重要。你们看，"拍"的关键在于谁？

生4：惊涛。

师：对，那么什么是惊涛呢？

（全班同学继续陷入沉思）

生4：让人害怕。

师：不确切。我们来看"惊"的繁体字。

（教师在黑板上板书"驚"）

师：《说文解字》中解释，惊，马骇也。马因为害怕而狂奔起来不受控制。惊涛，你觉得像什么？

生4：就好像万马奔腾。

师：对，江水汹涌澎湃，就如万马奔腾。这样的力量拍岸，会怎样？可以想象一下场面。

生4:力道强劲,浪花四射。还有巨大的轰鸣声。

师:不错。江水撞击崖岸,"拍",明写动作,暗含声音。既有动态之美,更有声响之美,进而表现出力度之美。这么强大的力量冲击,为何用了这样一个似乎没有多少力道的"拍"字?

生5:举重若轻。

师:一语中的。所以有的时候,对一个常见词语的理解也要具体情况具体分析。其实,也有一巴掌拍下能有如此大力量的,你们能想到吗?

(立刻有许多学生回答"如来神掌",学生大笑。)

师:乱石穿空,绘其形;惊涛拍岸,绘其声;卷起千堆雪,绘其色。

(课件展示)

惊涛拍岸

惊,波澜壮阔,汹涌澎湃。

拍,如雷轰鸣,如在耳畔。

万马奔腾,力道万钧。

绘其声,俯瞰之间,

彰显

动态之美,声响之美,力度之美。

卷起千堆雪

卷,举重若轻,富含诗意。

雪,浪花洁白,贴切精妙。

朵朵浪花,如诗如梦。

绘其色,举目之际,

呈现

色彩之美,纯净之美,诗意之美。

师:这三句是眼前的自然之景,你觉得苏东坡彼时彼刻看到如画的江山,联想到一时多少豪杰,他仿佛就觉得自己……

生6:置身在三国古战场。乱石如长矛长戟,惊涛如千军万马,一朵朵浪花仿佛就是一个个三国豪杰。

师:好不好?说得特别棒。大家批注一下:实中见虚。而且一朵朵浪花还照应回扣了前文。这样雄浑壮阔的自然之景为英雄出场做了最为完美的背景布置。既有壮阔之景,必有豪迈之人。豪放还体现在人物身上。继续来欣赏。

生7:我欣赏的是"谈笑间、强虏灰飞烟灭"。用"谈笑间"表现周瑜胸有成竹,指挥若定。用"强虏"表现曹军强大,可是强大的曹军在周瑜的谈笑间就灰飞烟灭了,"强大"与"灰飞烟灭"对比强烈,用曹军的灰飞烟灭反衬出周瑜的雄姿英发、豪迈气概。

(学生鼓掌)

师:分析得太妙了!大家来批注一下对比和反衬。写周瑜的还有两句,你能继续说说吗?

生7:小乔初嫁了,雄姿英发。小乔是美人,用美人衬托英雄。雄姿英发,书上注解是风姿才情,我想就是他玉树临风,英俊潇洒,富有才华,足智多谋,具有儒将风采。

(学生鼓掌)

师:你真的带给大家极大的震撼,分析得很好。这次我没有说,大家就批注了,也很好。看,写周瑜,用小乔正衬,用曹军反衬,还有前面壮美之景烘托映衬。寥寥数笔,就把周瑜的爱情婚姻、风姿才情、装束打扮、智谋功勋全面展示出来,摇曳生姿,大家手笔。

师:有没有同学在开始读的时候,认为是小乔嫁给周瑜,他才变得雄姿英发?

(有同学偷笑)

师:因为《三国演义》,我们很多人对周瑜是另一番印象。大家想听一听真实的周瑜吗?

(学生热烈鼓掌,嘴里喊着"要")

师:三句话。第一句,"曲有误,周郎顾"。周瑜听人演奏的时候,即使多喝了几杯酒,有些醉意了,可如果演奏稍有一点儿错误,也一定瞒不过他的耳朵。每当发现错误,他就向演奏者看一眼,然后微微一笑,提醒抚琴者,音错了。他有极高的艺术水准。第二句,"欲得周郎顾,时时误拂弦"。有些演奏者为了能让周瑜看她一眼,就故意地拨错琴弦。第三句,"一见周郎误终生",没有见过周郎也就算了,可是见过了之后呢,其他的男子再也进不了法眼。

(生大笑)

师:三国那么多英雄人物,苏东坡为何偏偏就只写周瑜?因为只有周瑜英俊潇洒、爱情甜蜜、婚姻美满、少年得志、功成名就。是真正的……

生齐答:风流人物。

师:是呀,所以风流人物不仅仅是简单的功成名就,不是粗线条的单方面英雄,而是立体多面、全方位复合型人才。外表与内在并重,能力与智慧兼备。那么,苏东坡写周瑜,仅仅就是为了表达对他的仰慕之情吗?

生8:写周瑜是为了写他自己。周瑜越是人生得意,越能反衬出苏轼的人生失意。他前面所有的铺垫都是为了引出早生华发的无奈和悲哀。

师:你准确地把握了全词结构和词人的写作意图,很不错。我们来看看二人的对比。

(课件展示)

周瑜	苏轼
年龄:25岁(娶妻)/34岁(赤壁之战)	年龄:47岁
婚姻:美人相伴	婚姻:屡遭不幸
外表:英俊儒雅	外表:早生华发
职位:东吴都督	职位:团练副使
际遇:功成名就	际遇:功业未就

师:没有对比,就没有伤害。可是,即使不对比,苏东坡想想自己的人生际遇,也会黯然神伤。通过预习资料我们知道"乌台诗案",他被发配到黄州,充团练副使,没有任何实权,还被当地官员监管。现在到了赤壁,周瑜就不由自主地浮现在了苏轼的脑海。此时此地的苏轼,彼时此地的周瑜,在周瑜身上,寄寓了苏轼人生理想的追求,而现实却是无情的打击。所以,他怀古人而悲自己。同学们,本词题目是什么?是一首什么词?那么,怀古诗词有哪些类型?

(学生齐答"怀古",教师展示课件)

知识卡片二

怀古诗词是中国古代诗词中内容、思想较沉重的作品,主要是以历史事件、历史人物、历史陈迹为题材,借登高望远、咏叹史实、怀念古迹来达到感慨兴衰、寄托哀思、托古讽今等目的。这类诗多写古人往事,且多用典故,手法委婉。

诗歌的终极目的都是抒发情感,怀古诗在抒发情感的趋向性上也表现了相对的统一,一般可分为三类。一是寄托个人境遇;二是借古讽今,忧国伤时;三是感慨人世。

师:请大家简化批注一下。怀古诗词内容分为三大类:怀古伤己;怀古伤今;寄寓感慨。

师:这首词,我们读出了豪放和豪迈,也读出了感伤与悲凉。那么,这种功业难成、壮志难酬的悲伤,苏轼化解了吗?

(课件展示)

"人生如梦,一尊还酹江月"体现出作者怎样的人生态度?一种理解是此时苏轼善于自我解脱,自解自慰,比较达观;另一种理解是此时的苏轼有些消沉,愤懑无法排解,只好寄情山水。

师:你的看法呢?有没有不同于以上两种的?

生9:结合学过的《赤壁赋》和苏轼的人生经历,老师你说过,他的思想融合了儒释道三家。儒家讲究入世情怀,佛家推崇舍得放下,道家看重道法自然。他在黄州获得思想上的成熟与圆融,《赤壁赋》的主客问答就是他自我解脱、达观豁达的表现。这首词也同样是的,他用"还酹江月"来表达祭奠之情,内心已经无悲无喜,还是同明月清风一道,逍遥自在,获得了内心的超然。

师:你能够结合所学知识来阐发,非常好。我想,我们绝大部分同学会采用这一观点。毕竟,从苏东坡在黄州之后的人生来看,他确实做到了宠辱不惊,"一蓑烟雨任平生""也无风雨也无晴"。当然,诗无达诂,没有人可以说百分百理解正确。

(课件展示)

知识卡片三

诗无达诂:汉代董仲舒说过"诗无达诂",意谓对《诗经》没有通达的或一成不变的解释,因时因人而有歧义。其一,诗歌意象的跳跃性引发不同的理解。其二,诗歌语言结构的开放性促使误读的形成。其三,诗歌语句的浓缩性造成解读的分歧。其四,文言词的多义性导致理解的多样化。

师:我来发表一下我的看法。

(课件展示)

此一句,有失落感愤,人间就是一场梦境而已,过去如梦,现在如梦,我又何必谈什么功业呢?此一句,也有超脱和旷达,是随缘任运的达观,是超然通达的自我宽慰。时光易逝，英雄不再，何必执着于此呢？以酒祭月，愁怀随江水而去。此一句，还有一点感奋与激越。江月是赤壁之战的见证，祭奠江月就是面对江月，凭吊英雄，祭奠英魂。这表现出一种赞颂、追慕之情。历史不会被时光磨灭，英雄总会被世人铭记！

师：我更倾向于最后一种。现在我们再来梳理一下。一开始，时光淘尽英雄，有点感伤与低沉，这是宇宙间无法改变的残酷现实。那么一切就真的无所谓了吗？这种感伤与低沉是一种悲，但它不悲凉，不悲惨，而恰恰是一种悲壮。这个意义上，我们也可以称它为豪放。

师：风流人物都被时光淘尽，是不是一切都湮灭了？

生齐答：没有。

师：那么，还留下什么？

生10：留下来不朽的名声。

师：对的。你们看，开篇三句低沉之后，苏子给了回答。"人道是、三国周郎赤壁。"哦，有可能渔夫或樵夫看到苏东坡，就对他说："你知道吗？这里就是当年周瑜大败曹操的地方。"普通人都记得历史上这样的风流人物，不是让人很感奋、感动吗？低沉之后迅速扬起，高妙至极。很多鉴赏评论说是因为这里不是真正的赤壁，所以加了"人道是"。我不这么认为，我认为他恰恰强调时光淘尽人物，但他们的风流依然被后人记得。苏东坡内心同样也有这样一个梦想，所以在《赤壁赋》中最后喜而笑，表面的旷达依然压抑不住内心深处淡淡的伤感。而《念奴娇·赤壁怀古》的最后，表面有点消沉，但内心深处更多是感奋——向风流致敬！历史不会被时光磨灭，风流人物总会被世人铭记！从今天来看，苏东坡的风流比周瑜有过之而无不及。电视剧《三国演义》的片尾曲，有人知道吗？

生11：暗淡了刀光剑影，远去了鼓角铮鸣。眼前飞扬着一个个鲜活的面容。湮没了黄尘古道，荒芜了烽火边城。岁月啊，你带不走那一串串熟悉的姓名。

师：谢谢你。现在我们梳理完了整首词，我们再来读一读。先听一遍老师的配乐朗诵，过会儿也给大家背景音乐。

（播放教师配乐朗诵，学生鼓掌）

（生1在背景音乐中再次朗诵，学生鼓掌）

师：比开始读的要好很多，谢谢！

师：一首词，就是一段人生，读一首诗词，就是一场心灵的修行。希望大家在人生的道路上，多读苏轼的诗词，多学习他的人生态度。人生美好，你自风流！谢谢大家！

（江苏省西亭高级中学　王春建）

17. 求真唯实，从真实自然向"真境"迈进

——《念奴娇·赤壁怀古》教学反思

教学自省

《念奴娇·赤壁怀古》是经典名篇，其中的人物描写、景物描写、炼字炼句、感情抒发等方面都值得我们仔细涵泳玩味。我在进行教学设计时主要针对高一同学特点，利用三张知识卡片——豪放派、怀古诗词、诗无达诂来构成课堂教学的主体框架。设计的重点是体会"豪放"表现与情感探究，在教学过程中穿插鉴赏语言和表现手法等知识点的落实。另外一个教学重点放在朗读上，初步朗读和在学完之后再次朗读，希望学生有所提升。同时我自己也录制了一份配乐朗诵，希望能给学生一种示范和引领。

我在具体的教学过程中，首先遇到一个和预设不相同的情况。我预设学生在回答"豪放句"时应该是壮丽之景和豪迈之人。但是第一个学生就一下子打乱了我的计划，所以我特地请他复述了一遍，然后脑子里快速调整构思。既然学生提出来了，我就要妥当解决这个问题。课堂首先要求真，"真"在于真实和自然，硬是按照自己的思路去要求学生，就变得虚假和做作，失去了原本应有的流畅。真境求真，失真的课堂最是无味。

于是我立刻设置一个场景，请同学们思考。"大家一起来思考一下，千古的风流人物都被时光淘尽，想象一下：假如你是苏东坡，此时此刻也站在滚滚长江边，你会有什么感受？"另一个学生立刻回答"有点莫名的悲伤"。我表示赞同，又再问第一个学生是否同意这个观点，他点头认可。同时，在这里我设置了一个伏笔，"伤感低沉与豪放没有多大关系，有点矛盾，一会儿我们再看"。

在引导学生赏析豪放和分析人物形象时，注重炼字炼句，用我自己设计

17. 求真唯实,从真实自然向"真境"迈进——《念奴娇·赤壁怀古》教学反思

的点评做示范,后面学生也做得较好。这一点再次启发我,课堂要积极引导,引导到位,学生的表现也会非常精彩。对字词语段的揣摩理解,是语文课堂的一个重点。语文课程应培育学生热爱祖国语文的思想感情,指导学生正确地理解和运用祖国语文,丰富语言的积累,培养语感,发展思维,使他们具有适应实际需要的识字写字能力、阅读能力、写作能力、口语交际能力。

语文核心素养分解为四个方面:语言能力、思维能力、审美情趣和文化修养。语文关键能力就是语言能力,一个人能说会道,出口成章,下笔成文,语言生动,感染力强,我们就可以说此人具有很强的语文素养。思维能力也可整合到语言能力中,因为语言是思维的物质外壳,是思维的载体。字词语段的理解赏析是这些能力素养的起点,也应该是语文教师的关注重点。

这首词的情感历来众说纷纭,各有千秋。我的设计就是向学生介绍"诗无达诂",然后各自发表观点。没有对错,只有合理与否。同时我也把自己的想法介绍给孩子,不是要求他们必须接受,而是提供一种想法与可能。当然因为《赤壁赋》在前,大家的看法也就比较趋于一致。文学尤其诗歌,是情感的艺术。首先是欣赏玩味,然后不断浸润心灵,最终能够涵养性情。人也是矛盾的综合体,既有积极的一面,当然也会有消极的一面。学习本词,我希望孩子们要追求,能放下,会自适。人不会一帆风顺,在遭遇挫折不幸的时候,在心中涌现这样的诗词佳句,去调试心情,获得人生的慰藉和满足。

课堂上,我也特别注重学生的知识积累。怀古诗词是诗歌里面一个大的类别,学生将来会不断接触到。课堂上,我展示了怀古诗词的一般特点,最终总结了三大类:怀古伤己;怀古伤今;寄寓感慨。同时,在我的引导下,我们班同学也养成了做批注和点评的学习习惯。课堂应有的记录是必备的,课堂不是表演,常态课才是真课,关于这一点,我一直在生动活泼和实效收获之间寻求一个平衡点,不能变成"热闹是有的,其他什么都没有"的低效课堂。我深刻明白:"只谈应试忽略语文素养是愚蠢的,只谈素养忽视应试现实是虚伪的。"

总结反思几点不足。

一、预设还有不足

预设与生成是教学的一大主题。生成无法完全预料,但教师应该尽最大可能地去预想各种情形。在一开始学生的回答出现之后,我的内心是有些慌张的。如果能在之前有所预料,就可能会有其他应对策略和流程设计。

二、语言还有瑕疵

教学过程中,教师的语言应该精当有味。我回想自己的语言表述,个别地方还有欠妥之处。一是语言不够简洁,个别地方显得烦琐、累赘;二是"韵味"不够,尤其是在点评学生的回答时,语言显得简单、苍白;三是语调单一,从而也显得教学激情不足。

三、境界还有欠缺

教学是一门艺术,课堂应该是行云流水,浑然天成,做到"景"与"情"的有机融合。课堂的"真境"讲究"景、情"互动创生,境界亦油然而生。教学中的"景"是师生教与学的过程中产生的实时景态,"情"主要指师生课堂交往中的情感态度。我在本节课中,为追求"包袱"和"笑果",设置了个别脱离整体的环节,破坏了整体的氛围和境界。课后我反思,引导"如来神掌"的环节有些多余,只是为了让学生笑一笑,破坏了整体氛围与意境。

四、效果还有遗憾

教学也是遗憾的艺术。学生的第二次朗读相比较第一次进步不是很大,这让我明白,所有的提升不是一蹴而就的,需要一个渐进的过程。所以说教学是"慢"的艺术,一个好的老师要有这样的心理准备。另外,教学过程中,师生互动还有遗憾,我的讲述还是偏多一点,有点"急"的感觉——为了完成教学任务,就略显匆忙。

教然后知不足。在教学上,我们只有求真务实,才能达到语文课堂的"真境"与"臻境"。

(江苏省西亭高级中学　王春建)

18. 行云流水，真"真"有味

——评王春建老师执教《念奴娇·赤壁怀古》

同行点评

苏轼《文说》有言："所可知者，常行于所当行，常止于不可不止。"他说的是写文章，我想一堂好课也应该如此。"行于所当行，常止于不可不止"，体现了课堂的节奏和韵律，不矫揉造作，不强行拐弯，让课堂的生成变得合理合情、自然灵动。

王老师执教《念奴娇·赤壁怀古》可以说是行云流水，真切自然，显示出扎实的教学基本功和独特的艺术风格。课堂整体思路清晰，结构合理，生成自然，过程流畅。

我把王老师的课堂思路和结构概括为四个字——读，赏，思，悟。读诗词，赏豪放，思情感，悟人生。读，既有集体诵读，也有个别朗读，更有前后对比的读。学生最开始的朗读效果稍差，主要在于情感的表现有所欠缺。学生通过学习之后，再次朗读效果有所提升。赏析豪放时，王老师带领同学细细揣摩，慢慢品味，对字词鉴赏的细腻程度让人惊叹。"乱"字、"穿"字和"惊"字，或语言启发，或动作暗示，一步步深入，让学生大有收获。这样的语文课堂，这样玩味语言，才真正有了语文的味道。思情感与悟人生是连在一起的，读懂诗人的情感，启迪人生的智慧，这二者相辅相成。对于这首词，常见的是两种情感——或消极，或达观。王老师今天特别介绍他自己的读诗感悟，和大家分享他的心得，也是一大亮点。这一观点较为新颖，也非常合理。把本篇和《赤壁赋》结合着来读，分析清楚，立论有据。我认为最主要的，王老师是希望以此在人生价值上引导学生，人生在世，要做一个风流人物，让历史记住,让生命精彩。

这样几个步骤环环相扣,清爽怡人——既不拖沓乏味,也不急促匆忙。在不知不觉间,一节课就这样结束了,让人意犹未尽,回味良多。

除去思路结构,整个教学过程充满了"真"味。

一、在于"真实"

现在有很多的公开课,表演成分过于浓烈,失真严重,是"导演"好的课堂。王老师的课堂,可以说没有丝毫"水分"。开始的时候,学生的回答很明显出乎他的意料,他也明显有一个停顿,但是他利用自己丰富的教学经验,迅速调整,反而起到不错的效果。这是最"真"的一面,也是让听课者感受最深的地方。真实的另一方面表现就是王老师延续他一贯的教学风格,课堂轻松活泼,学生的集体回答、个别插话、欢笑声、鼓掌声,应有尽有。

二、在于"真味"

王老师的课堂是很有"味道"的。他的配乐朗诵,他的赏析字句,他的人物介绍等都韵味十足。

配乐朗诵,高昂处铿锵有力,气势雄浑,"乱石穿空,惊涛拍岸,卷起千堆雪"三句读出了气冲霄汉的气概;低沉处浅吟低唱,打动人心,"故国神游,多情应笑我,早生华发"三句,吟出了自嘲自伤的忧伤。尤其"早生华发"的颤音,让人无比动容,几欲落泪。我想,学生也是能够感觉到的。

赏析字句的味道,在于点拨的巧妙与变通。这种味道主要集中在思维和智慧的碰撞产生出的独特感觉。一开始学生的回答有些出乎王老师的意料,他明显顿了一下。但他调整一下之后启发学生,"千古的风流人物都被时光淘尽,想象一下:假如你是苏东坡,此时此刻也站在滚滚长江边,你会有什么感受?",本来这是一处容易卡壳的地方,他几乎可以说是"化腐朽为神奇",充满了智慧的味道。

介绍周瑜时,王老师几乎就是说书人的形象了。激发学生兴趣,学生想听;三句话三个故事,学生爱听;讲完后一句小小的玩笑,好听。我们听课者也被深深带入其中,听完也都发出会心的微笑。评书人让故事也更有味道。

三、在于"真境"

真实自然,富有韵味,让整个课堂像一首歌,像一部电影,充满了和谐的氛围。这首歌的前半曲轻松活泼,后半曲哲思深沉。王老师似乎带领着同学也来到黄州赤壁,来到滔滔江边,欣赏雄壮的自然美景,翻阅三国壮阔的诗篇,领略周瑜迷人的风采,探寻苏轼复杂的情怀。这一幕幕犹如影片一帧帧在大家眼前闪过,在心底激起一朵朵浪花。这一番意境犹如醇香的美酒,也一定会让学生如痴如醉。

四、在于"真效"

这节课结束之后,我在想,学生收获哪些呢?我想至少有这些方面。

1. 对豪放诗词、怀古诗词有了一定的了解。

2. 在揣摩字词、炼字炼句上有了一定的收获。

3. 在情感体察、人生体悟上有了一定的思考。

课堂不是"演戏",它要让学生有所收获,有所充盈。听课中,我注意到王老师多次提醒学生批注,也有老师未提醒而学生自觉批注的,王老师已经潜移默化地让学生养成了良好习惯。这虽是细节小处,却也是大有实效的"真功夫"。

最后,再说两点不足之处。

1. 背景资料介绍有所欠缺。在说到苏轼的境况时不宜笼统,可以再稍微详细一点。比如说他婚姻屡遭不幸,高一的学生不一定了解这些背景。

2. 三张知识卡片可以更加简洁一点,比如"诗无达诂",可以简化。

总体来说,这是一堂行云流水、真"真"有味的好课,我在写下这篇点评时依然回味不已。

(江苏省西亭高级中学　陈林华)

19. 以真启美　至美至真

——《横塘路》课堂实录

课堂再现

一、导入

师：一千多年前，一次偶然的邂逅，成就了一首绝世佳作——《横塘路》。今天我们一起跟着贺铸，到横塘路走一走，去欣赏那个令他一见倾心的美人，还原他的心路历程，感受他的理想情怀。

（教师板书课题与作者）

二、诵读，披文入情

师：黄庭坚对这首词给予了极高的评价："解道江南断肠句，只今唯有贺方回"（《寄贺方回》）。王直方也在他的诗论中称道："贺方回初作《青玉案》词，遂知名。"（《王直方诗话》）。那么这首词究竟好在何处？请大家自由朗读，初步感受其魅力。要求：读准字音，注意节奏。

（学生自由朗读）

师：请一位学生朗读，其他同学认真倾听，听听他朗读中哪些地方处理得比较好，哪些地方和你的朗读有些不同。朗读后请同学点评。

（一生主动朗读）

师：谢谢你的朗读。他读得怎样？

生：我认为刚刚这个同学他可能是辛弃疾"附体"了，或者说他可能情感太过于激昂了。因为我初读下来，我认为这首词它有种朦胧的意境美，它的意象也是非常轻柔的，还有这个同学"咬定青山不放松，立根原在破岩中"的吐词让我非常难受，所以我感觉读这首词的话应该要更加轻慢一些，放缓

19. 以真启美 至美至真——《横塘路》课堂实录

一些。

师：对，这位同学是从朗读者朗读时的情感起伏和语气吐字的感觉来谈的，觉得这首词要读得慢一些，柔一些。

生：我觉得刚才的同学读得不错。首先我感觉"一川烟草，满城风絮，梅子黄时雨"这句，他读出了那种轻柔缓慢的感觉。还有就是"锦瑟华年谁与度"这句，他读出了作者那种自问的困惑，有一种伤感和自嘲。

师：你是从具体语句的朗读处理来分析的。读得好的地方我们确实要鼓励，对词作朗读基调的把握和对语气语调的处理都是相当重要的，而这一切都建立在我们对词作内容了解的基础上，那么这首词主要写了什么？

生：它的上阕首先写有一个美人从横塘路上经过，渐行渐远，然后就消失于作者的视线之中，没有来到作者身边，作者感慨怅惘。下阕描写作者苦苦等待女子一直到黄昏，由此愁思无限。

（教师在学生概括时板书：美人）

师：概括得非常到位。那你认为下阕中哪个词最能反映词人的心情？

生：闲情。（教师板书：闲情）

师：闲情是什么意思？

生：我认为是一个人比较孤寂，写下一些"断肠句"，是比较"闲"的，是闲适、悠闲的。

师："孤寂"和"闲适"、"悠闲"不是一个概念。

生：上阕中，"锦瑟年华"就这样荒废了而不知道做什么，有一种伤感之情；然后在下阕中才写了一些"断肠句"，突出了他当时的情感是很悲伤的。根据上下文，我认为"闲情"中包含一种苦和痛。

师：看来这个"闲情"，和我们现在所谓的闲适之情、悠闲之情的意思是不一样的，它包含一种对生命的惆怅与怅惘的情绪，蕴含更为深刻的历史变迁、人生困境等方面的内容，这个词在另一版本里写作"闲愁"。词人在这里直接提问，问中名愁。

（教师板书：问中名愁）

师：我们在朗读这首词的时候就要把这种愁情读出来。下面，老师把这首词读一遍，让我们闭上眼睛，静静倾听。让我们借助语言的桥梁，和千年以前的词人进行心灵对话，去感受他的那份闲情和惆怅。

（老师范读，读后学生鼓掌）

三、赏读，澄怀味象

师：我们一起把这首词朗读一遍。

（学生齐读）

师：朗读整体感觉较好，只是个别语句情感表达暂时不到位，我们慢慢改进。明代著名的文学家杨慎对这首词有"情景欲绝"的评价，这里的"绝"指什么？整个词语是什么意思？

生："绝"是极致、极点。这个词语是说这首词情与景的融合、描写好到了极致。

师：请大家以小组为单位诵读、思考，你认为哪个句子或者哪些句子最能体现"情景欲绝"？请给出你们小组的赏析。

（小组合作讨论，教师巡视）

师：同学们，在分享你们小组鉴赏成果前，请先动情地把你们所要赏析的句子朗读一下，因为只有你会朗读了，你的赏析才有依据，才有立足点。

生："月桥花院，琐窗朱户，只有春知处。"作者展开丰富的想象，推测那位美妙的佳人是怎样生活的。这句话描写了庭院里面月照小桥、花绕庭院的美景，还有阁楼华丽，却又无人欣赏。"月桥花院""琐窗朱户"都是非常繁华、富丽的景象，然后"只有春知处"，春天一年只有一次，让人感觉春光短暂，时光易逝。

师：我发现她对"月桥花院，琐窗朱户"的环境做了具体分析，想法很有见地。我读到这句话的时候就在想"锦瑟华年谁与度"，如果我写，我想这么写："锦瑟华年谁与度？白屋草堂，蓬门荜户，只有春知处。"你们怎么看？

生："白屋草堂，蓬门荜户"是比较清贫的环境，感觉能体现人物的高洁品格，也许也有一定道理。（学生笑）但是我认为还是作者的描写角度更好，"月桥花院，琐窗朱户"更适合女子的住处环境。而且这里是用"以乐景衬哀情"的手法，明明已经比较繁华了，生活很富裕了，为什么还是只有春天知道她的住处呢？如此悲凉和凄清！越繁华越寂寞，越是在这种非常绚丽的、多姿的、富美的环境下，人内心的孤寂才更为鲜明。（学生鼓掌）

师：你的精彩见解说服我了。这样的反衬更能显出外部环境的美好和内心孤寂之情之间的落差。我们一起把这句话朗读一遍，把环境的优美轻快读出，对"只有"进行重读强化，"春知处"读出惋惜和寂寞。

（学生齐读）

生："凌波不过横塘路，但目送、芳尘去"，这里的"凌波"也算是一个美景，写出了人的美,脚步轻盈。从远处看这个丽人,首先看到的是她的步态,看到的是一个背影,而且没有过横塘路,言外之意表明作者的内心希望她能够走过来,心情就比较失落。

师:你把它读一读,读出失落之情。

(学生展示读)

师:读得如何?同桌点评。

生:我认为他没有把这种失落读出来,"凌波不过横塘路",我觉得他读得挺平淡的,要语速放慢、语调放轻。

师:你来为我们读一下。

(学生展示读)

师:很好,有朗读的感悟。我们一起来看这句词句中最能体现"失落"之情的是哪些词?

生:"不过""但"。

师:我们再次把语速放慢,把语调放轻,"不过""但"两个词稍稍强化一下,读出重音,齐读体会。

(学生齐读)

师:"凌波"确实是一个景象,那么这句词句中还有景吗?

生:"芳尘去"中这个"尘"字暗示了尘土飞扬,有一种缥缈的感觉,体现了作者邂逅这个美人后,他渴望与美人相识,但是也仅仅只能看着她渐行渐远,自己是无力挽留的,比较无奈与伤感。

师:解读很到位,凌波微步,不过横塘,是佳人没有来;面对芳尘,只能目送,是自己也不能去。除了目送还能怎么样呢?充满失之交臂的留恋、遗憾之情。

生:我们组分析的是"飞云冉冉蘅皋暮,彩笔新题断肠句"。这边描绘的是黄昏夕阳下男子苦苦等待女子到来的凄凉而美丽的场景。"蘅皋"是"香草",似乎可以暗示作者自己,但是"蘅皋暮"已经是暮年了,年华即将消逝。"彩笔新题",虽然我现在还有彩笔,但是现在也只能写断肠句了。

师:蘅皋是种香草,来自曹植的《洛神赋》的典故,这位同学认为作者自比香草,以此把"蘅皋暮"理解为人到暮年也未尝不可。

生:我觉得这边的"暮"就是指的"夜幕降临",作者的位置应该是在一处有蘅皋的水边,眺望远方,他想看见远方的美人,但是碧云冉冉,到了夜幕降临,时间过了很久,还是没有看到。"彩笔"在这里是指文采、才华。词人等这个女子等了好久好久,一直到夜幕降临,都没有等到,所以只能把思慕之情付诸笔端。

生:这里的"彩笔"用了南朝江淹的典故。江淹因得彩笔便才华横溢、妙句纷呈,而贺铸自己也有一支彩笔,自负于自己的才华。但是,纵然是才高八斗也只能写出"断肠句"的哀苦之情,那么才华超众又有什么用呢?这是很无奈的。

师:很好。这两句词句运用典故,借"典故"来写"愁"。(教师板书:典故含愁。)我们更可以从结构上将此处与上阕对应起来看,这句与"目送芳尘"所处位置一样,体现的心理也一样,遇佳人而无果,空有才却写"愁"。我们把两句话对应着一起来读一读。

(学生齐读)

生:我们组分析的是"若问闲情都几许? 一川烟草,满城风絮,梅子黄时雨。"烟草是早春的,风絮是暮春的,梅子黄时雨是夏初的。时间很长,表现作者的愁思也是绵长的。"风絮""梅子黄时雨"是连绵的、不断的。

师:她抓住了这个烟草、风絮、雨的特点,从早春到暮春,从时间的这个点把它们连接起来,非常好。

生:"一川烟草"是整片土地上的草,"满城风絮"就是一座城中都是风絮,"梅子黄时雨"是整个地区都在下雨,空间上的范围不断扩大,也就表现为他的愁又广又多。

师:这位同学从空间上进行分析,和刚才的同学的理解可以相互补充。

生:我觉得这三个意象都有各自的愁。烟草是新生的草,这个绿意带着希望;"烟"是迷蒙的,是想要得到一种东西却不可得的一种愁绪。"絮"是轻盈的、缥缈的,絮与絮之间看起来是粘连的,其实都是各自飘零的,所以是无所归依的飘零之愁,也可以说是这个风絮把天给挡住了,看不到了,表现的是前程迷茫的一种愁;梅子黄时雨,雨的声音是连续不断的,整个空间里背景范围都是愁的。

(学生鼓掌)

师:这位同学对三个意象进行了更为深刻的解读,语言精美、分析精彩。如果要让我们的赏析更为全面,我们也需要从字面上、从语言角度上深入地去研究。还有补充吗? 我看到刚才还有同学举手。

生:愁是抽象的东西,词人通过"烟草""风絮""黄时雨"这些具体的事物来呈现。将抽象的化为具体的,就比如李煜的"问君能有几多愁,恰似一江春水向东流",用具体生动的景物表现了抽象的、无迹可寻和难以捉摸的细致情感,使这种情感转化为可见、可闻的事物。

师:很好,他把我们曾经学过的东西引用过来解释"化抽象为具体",很有说服力。就像李煜的"问君能有几多愁,恰似一江春水向东流",就像李清照的"只恐双溪舴艋舟,载不动许多愁",就像我们才学过的王实甫的《长亭送别》中的一句"遍人间烦恼填胸臆,量这些大小车儿如何载得起?"。但同是用比喻来形容愁之多,贺铸与众不同之处在于:别人用一个,他连用了三个,博喻手法加强了被喻者的形象性,给读者以鲜明深刻的印象。正因如此,贺铸获得了"贺梅子"的雅号。南宋周紫芝在《竹坡诗话》中说:"贺方回尝作《青玉案》词,有'梅子黄时雨'之句,人皆服其工,士大夫谓之'贺梅子'。"

我们再综合全词来看,美人远去,望"芳尘"并开始追问此女青春有谁相伴,居住何处,但这对于作者来说是无从知晓的,于是作者便觉得佳人芳踪也只有春神才知道。不幸的是,从下阕这里的草、絮、梅雨得知此时已是暮春,那么关于佳人的信息势必也要随着春之离去而石沉大海无处可寻了,情感到此转为悲凉。由此可见,贺铸写"愁"真的是煞费苦心,不仅仅是问句中直接告诉你他的闲情,而且从典故中、从景色描写中多处把愁蕴含其中。(教师板书:景物寓愁)

四、品读,旨趣寻探

师:词人到底为什么而愁,他想表现什么主旨?这个问题历来是见仁见智,说法不一。你如何理解?

(学生思考并回答,教师补充)

生:我觉得可以把它理解为一首爱情词,贺铸见到一个美人后被她步履轻盈的美所吸引,然后对她一见倾心,可是美人走掉了,词人就只能相思,奈何相思不得,抒写的是对爱情的追求和可望而不可即的怅惘。

(教师板书:爱情)

生:贺铸一生在官场是不得志的,他可能会有一种怀才不遇之感。这不像是那个"月桥花院"中的美人吗?无人欣赏,只有春知处。

(课件展示:背景介绍)

《宋史·文苑传》记载,贺铸原是帝王后裔,但由于生性耿介,"喜谈当世事,可否不少假借。虽贵要权倾一时,少不中意,极口诋之无遗辞",故于仕途官场上终不能得意。

范成大的《吴郡志》载,贺铸有小筑在姑苏盘门外十里横塘,常扁舟往来,作《青玉案》词。作者幽居怀人,所写的是"美人分不来"的闲愁,词中意境幽微,形象朦胧,凌波仙子式的美人似真似幻,给人以丰富联想。

师:结合贺铸的生平来看,他为人耿直,不媚权贵,而居住在琐窗朱户中的美人清冷孤寂,不正是作者怀才不遇形象的写照吗?作者壮志难伸,故借美人迟暮,写自己的不为世用。

(教师板书:自况)

生:这首词中有很多与香草美人有关的内容,它跟《离骚》很像。他可能会跟屈原一样以香草、美人喻君臣,充满对君王的期待,对理想的憧憬。可惜呢,理想终究未能实现,他内心的一种苦闷愁怨才能在这首词中表现出来。

师:"凌波仙子"可看作是任何可以发现词人才华的人,谏官、考官等一切可以推荐自己的文武百官,甚至皇帝。可惜的是,他们没有一个来"我"处,于是便只有怅然地望着他们离去的背影,写"美人"可望而不可即,以此喻指理想不能实现。(教师板书:理想)"美人""香草"历来是高洁之士的象征,正如刚才这位同学所说,这种以美人、香草为联想兼譬喻的手法,源头可追溯至屈原《离骚》中的"美人"意象。可见,《横塘路》是一首言在此而意在彼的"寄托"之作。

五、美读,以意逆志

师:在中国文学史中,只有才兼文武、拥有高远的抱负和理想情怀之人,才能担当词的创作,这种人在浩浩历史长河中屈指可数,作者贺铸就是这样的一位才子。工于写情,儿女之情荡气回肠,深情款款,足以与思妇伤春词比肩;政治情结凝练沉重,内蕴深远,毫不比前人的怀才不遇词逊色。《横塘路》就是典型的代表,情景交融、虚实相生,思想性与艺术性兼具。最后,让我们带着对这首词的感悟诵读全词。请把握好语音高低、语调抗坠、语速疾徐、情意起伏。

(师生共同诵读)

六、作业布置

师:《横塘路》一出,赞叹者云集,无数人仿照这首词的韵脚写词,这两首词是典型代表。这个周末,老师也附庸风雅一番,填了两首词。请大家批评指正。

横塘路(一)

朋友圈见旧时路。忆往昔,不忍去。别后梦回知几度?尊师轩内,凌云楼畔,闲景好去处。

东吴桥头日已暮,笛子声里吟佳句。鹿鸣诗刊应见许。蒙蒙山色,盈盈水巷,姑苏风和雨。

横塘路(二)

明月校园寒夜路。学子散,各自去。青春华年谁与度?寒窗孤灯,书本笔记,援疑质理处。

勤勉今朝又明暮。作文苦思炼词句。数英试题复几许!众人皆醒,来年青云,同赏六月雨。(教师朗读)

师:请你挑战一下,按照《横塘路》的韵,尝试写一首词。下课!

注:上课所用教材为苏教版《唐诗宋词选读》,第83页《横塘路》。

(南通市天星湖中学　薛永娟)

20. 真教、真学，渐入真境

——《横塘路》教学反思

教学自省

《横塘路》(凌波不过横塘路)是贺铸退居姑苏横塘时的幽居怀人之作，表达了经过历史千锤百炼的无数抑郁不得志之人共同的情感与精神，被选入苏教版高中语文选修教材《唐诗宋词选读》中的"'格高韵远'的北宋词(二)"板块。

中国古典诗词崇尚宛转曲达、意蕴深远的写景抒怀，贺铸的《横塘路》就是典型的"情景"契合、寄兴遥深之作。因此，对这首词的教学，教者从真实的文本情景出发，抓住客观外物和主观情感、景语和情语之间的关系，着力从语言审美、情感审美和思维审美这三大视角深入解读，还原诗词文本丰富的审美意蕴，从而引领学生精神成长。

一、思路有序，真教有法

作为教师，对高中语文古诗词的教学，应该首先考虑学生怎么学而不是考虑怎么教，如果我们一直考虑怎么教，是满足不了学生的需要的。如果是从学生"学"的角度介入的话，教师的"教"自然就会形成，如何"教"就解决了。所以，本堂课，笔者撇开了以往诗歌教学那种琐碎的分析方法，既立足于"文本特点"，讲究古诗词阅读的"整体性"，又基于"学生立场"，帮助学生学会"学习诗歌"，明确阅读鉴赏的思路和方法。

本堂课通过"诵读，披文入情""赏读，澄怀味象""品读，旨趣寻探""美读，以意逆志"四个层次，来真正地解读文本，真实地推进解决问题。在"诵读"部分，通过"生读生评"感知"言"的呈现效果，整体把握词作内容，掌握朗读需要注意的几个方面：语音高低、语调抗坠、语速疾徐、情意起伏；在"赏读，澄怀味象"板块，品析鉴赏意象，通过"景"去悟"情"，在品鉴中伴随朗读指导，活动充分、高效；在"品读，旨趣寻探"部分，师生共同对词的"主旨"内涵进行个性化解读；最后"美读"部分，教师和学生一起，用语音呈现对《横塘路》这首词的内涵理解，是对贺铸人生经历与情感体验的声情外化。通过这四个教学环节，学生完成了对诗歌的初步感知、内容品读、情感体悟，进行了独立的思考、朗读的训练。在教师解读文本的思路中，学生明晰了鉴赏古诗词的方法，课外阅读实践亦可行之有效。

二、朗读入情，真学入心

前人说过"书读百遍，其义自见"，语文课堂应该是书声琅琅的，尤其是诗歌教学的课堂，更应该在吟咏朗读中生趣盎然。读诗词首先要"读进去"，然后再"读出来"。所谓"读进去"，就是尽可能走进作者的内心，这样你才能体会这首词表现的情感、情绪等，这些东西你若体会不到，就是没有读进去。但是"读出来"就是要读出自己对这首词的理解，一百个人有一百种感悟，这种感悟一定是结合个人的经历、思考形成的综合体，不会和别人的感悟一模一样。既然不一样，教师就不能预设希望学生达到怎样的方向，也不能希望学生就这首词表现了词人怎样的情感达成共识，而是学生说什么、符合什么，就可以是什么，这才是真正的"感悟"，这才是真正的"学习"。

所以本堂课以"读"的活动精心组织各个环节的教学，由"读"起，以"读"结，真正形成课堂诗意蕴美的氛围。教学的开始是以学生的自由诵读作为初步感知、整体把握的学习方式，学生通过自己的自由朗读加深了对诗歌情韵的体验，之后学生的展示读、教师的示范读则对学生进入诗歌情境有较好的推动作用。在赏读过程中，教师对诗歌的朗读进一步训练，确保朗读活动落到实处，使学生"读"的技巧有例可循、有法可学，使学生对古诗词学习的兴趣不断提升，也使学生对文本的解读逐步走向深刻、走向个性化，教室呈现出真实的"学习场域"。

三、交流生成，真境达成

高中语文老师在教语文，更多的时候应该是跟学生"玩"语文，教师不是作为教者，而是作为共同的学习者和讨论者，跟学生一起思考、交流、表达。教师一定需要把学生的积极性调动起来，首先是唤醒和激发，然后再引导，在"真实"的课堂情境中对学生进行语文知识的洗礼，进行语文素养的培养，促进学生阅读力、思考力和表达力的提升。

基于这一点,我设计用明代杨慎对《横塘路》的点评"情境欲绝"作为主要的问题来切入文本解读,帮助学生进一步厘清诗词中景语和情语、外物和内心之间的关系。学生通过阅读思考、品评分析、互相生成、生动表达来具体感受贺铸借助"美人"所传达的内心世界;从"问中名愁""典故含愁""景中寓愁"了解作者写"愁"的煞费苦心,在互相交流中碰撞智慧,迸发思维的真火花。经过深度赏读文本,学生对最初"诵读"环节中关于这首词朗读语调的争论也有了更为深刻的认识。

很多关于这首词的赏析文字和教学案例,分析到最后三句中"愁"的内容以及表现形式就完成任务了,对词人到底为什么而愁的探究却少之又少。而高中语文课堂教学,应该引领学生拓展纵深,肩负起让学生从浅而窄的阅读欣赏进入深而广的阅读鉴赏的神圣使命。古诗词欣赏的浅层次阅读往往满足于对景色意象、诗人情感等粗略的了解上,如"写了什么""怎么写的",如果没有进一步开掘到"为什么写"的深层次阅读层面,不算是"真教"。所以,通过再次阅读文本、课堂探讨,学生不仅能深入理解,得出这或许是作者呼唤爱情而不得,或许是自伤身世,或许是追求理想等多元化主旨,明白了"美人"意象内涵的丰富与复杂,而且在课堂的探讨和碰撞中体会到了阅读交流的快乐,对古诗词的鉴赏由此进入了一个新的境界。整堂课,学生在阅读中思考,在思考中表达,在表达中进一步催生思维的生成,课堂的自主探究、合作交流又促成学生通过体认作者对社会、对人生的思量和感悟,从而丰富审美感知、把握审美途径、提升审美素养。

虽然我的这堂课整体而言还算成功,"读"的活动比较出彩,学生的表现可圈可点,但细究下来却并不完美:"读"的形式较为单一,"读"的个体呈现不够,"读"的具体要求缺少区分度,"议论"多于"朗读","分析"重于"感悟",具体的一些教学细节还有待商榷等。因此,在接下来的诗词教学过程中,我将进一步站在学生立场,立足语文课堂教学的本质,让"真境"课堂教学之路越走越清晰!

(南通市天星湖中学　薛永娟)

21. 真,就要尊重学生"学习的规定性"

——《横塘路》课堂教学点评

同行点评

弗洛姆曾说,他只有用他人的眼光看待他人,把自己的兴趣退居二位,他才能了解对方。作为高中语文老师,如果我们仅仅是教语文的,那是远远不够的。这后面应该带一个这样的东西——我们是教学生的,我们是用我们的武器,或者说用我们某种特殊的营养来引领学生、成就学生。因此,教师既需要考虑到所教的这个社会文化——语文或语言本身的规定性,更要考虑到学习语文的学生——特别是高中学生——语言学习的规定性。这才是一切"真境"课堂的前提和基础。

一、注重"语言"思维

在高中学生的语言学习中,语言思维首先是不能忽略的。薛老师讲的这首《横塘路》,讲得很有词的味道。高中学生是偏重理性思维的,感性思维欠缺,但学生的学习愿景和我们高中语文教师的教学愿景相同,都是要更多地发展学生的语言思维,以提高他们的语言表达水平。所以薛老师在语言思维这方面比较注重,从学生立场出发,体现了"真"教。

"词乃艳科",它原本不会有多少宏大叙事,它一定是抒发纯粹个人的情感的,很少关系到家国情怀。词虽然后来被辛弃疾、苏东坡这些人演绎为豪放词,但是词一定是抒发个人情感的。所以词的教学要紧紧扣住情感,理顺情感的脉络。我们教师需要引领学生在言和意之间,在景语和情语之间完成某种切换。薛老师的课堂教学抓得很好,立足真实的文本,围绕"言"和"意",注重"情"和"境"之间的关系及相互的转换,这是基于词本身的问题。

教师有时候要避免坐实分析,我们不主张强调"烟草""风絮""梅子黄时雨"与"愁"的具体特点是一一对应的比喻关系,这样往往少了些味道。我们读"一川烟草,满城风絮,梅子黄时雨"的时候,眼前出现的这些景物一定就很实在地对应到我们的愁绪当中吗?如果把它们理解为只是我们愁绪中的某种背景或某种伴生物,这样好像更有味道。

二、强化"朗读"感悟

真正的古诗词教学应该"读大于议,悟大于思",这是词的学习的第二规定性。与其教师在那里慢慢分析讨论,不如用"读"来引领,通过"读"帮助学生去揣摩、去感悟、去体会。这堂课薛老师抓了读,但抓得不够,不同角色转换读的形式少了点,讨论的形式比较多。我总希望有更多"读"的样态展现,如默读,如作为诗人本人去读,如作为欣赏者去读等。

高中生学语文重在语言思维,而这个语言思维包括两类,一类思维是逻辑或者说是线性思维,一类是非逻辑或者说是非线性思维,也就是所谓"悟"的思维,具体到审美思维、形象思维、想象性思维甚至是创造性思维等。"悟"是比较感性、非逻辑的,"思"是比较理性、有逻辑的,因此,"真境课堂"需要教师培养学生的非理性的思维,不应以抓分析、谈理解而应以重感知、悟情意为主。比如"芳尘去","芳尘去"这三个字你一定要讲出个什么道理来吗?它指的是什么?没必要。你从这三个字里去读,去体味作者的感情,读之后你会发现,那种叹惋、那种追昔、那种要留住佳人的无奈都蕴含在里面。但是这种东西如果你一定要很理性地分析是分析不出来的,只能读和悟。我非常欣赏那个学生的点评,说"他读得不好",说"他读的是辛弃疾",这个学生对这首词把握得多么准确,而这个准确的把握不是说道理说出来的,它是一种情感的体味,而这种情感的体味是要清空他许多这种理性的规定性的,最终才能形成"澄怀"。

三、允许"个性"发挥

儿童的学习有一个重要的特征——幼稚性。高中生应该属于"广义的儿童",我们当老师的必须要尊重儿童这种学习的幼稚性规定。儿童没办法按教师的套路走,这是他的权利,他就应该有这个权利,但是儿童学习的幼稚性又是需要规训和引领的。卢梭说:"儿童处于理性的睡眠期。"因此,教师要更多用儿童的眼光看待儿童、了解儿童,不要粗暴地打扰他,应该要柔情地唤醒他。幼稚既是儿童的权利,又是儿童生长的起点。就高中生的语言思维而

21. 真,就要尊重学生"学习的规定性"——《横塘路》课堂教学点评

言,学生是不可能准确地进入教师的预设状态中的,学生一定是有自己的套路的,所以需要规训。

薛老师的课堂让我感觉到她对发展学生语言思维方面做出的努力,她允许学生存在不同的思维,允许学生呈现各具个性的风采。薛老师对学生的训练很规范,很多的细节可以反映出薛老师平时的教学积淀。正因为如此,这堂课学生的呈现让人非常难忘,学生在课堂上对这首词的理解、鉴赏很到位,个性化的解读符合文本特质,个性化的语言表达很有逻辑层次。

上述几点,是我从薛永娟老师的课堂上感受到的。一个好的文本,你能不能把它的魅力充分地体悟出来?这就需要老师的引导和学生的积极投入,三者才能融合为一体。文本、教师和学生这三者在这堂课所呈现出的融合,让人感觉到坐在课堂上听课确实是一种美的享受,这就体现出"真境"课堂的味道来。这堂语文课比较"醇",像酒的醇,醇厚的醇,整个课堂有种厚度;这堂语文课也很有"韵味",无论是课堂的表现,还是教师对作品的挖掘,甚至整个课堂实施的一种交融,都给人一种绵绵不绝的韵味。

这堂课教师表现出来的教学功力非常深厚。从薛老师的范读及她的"下水"词作,从她对这首词的精心备课及进行的资料收集和整理,然后从她对这首词的一种独特感悟,我们全方面地看到了薛老师优秀的教学禀赋。

(南通市名师培养导师团　严　清)

22. 课堂教学中的三个"有"

——评张炜老师执教《归园田居(其一)》

同行点评

语文教学界经常探讨"好课"的标准,我倒是认为,"好课"不应该有标准。因为标准是一个固化的量性指标,语文学科不全是工具性,其人文性教育中的语言表达、审美熏陶、思维砥砺等很难用标准来定性。更何况,如果一个教学亮点超过了"标准值",它的"好"又怎样"加分评价"呢?

特级教师黄厚江在《教什么仍然是最主要的问题》一文中否定了"游离在语文与非语文之间、偏离了课堂教学的重心、忽视了文本对教学内容的规定性、模糊和拔高了课堂教学的定位"四个常见的教学问题。若从正面看四个否定,我们可以发现黄老师其实在暗示一堂好课应具备的要素,而非标准。借助四个否定,我认为"好课"的要素至少要包括三个方面:有文本、有教者、有学生。从这个评价角度,我们再看张炜老师执教的《归园田居(其一)》,不难发现,"三个有"自始至终贯穿于教学过程,帮助这节课成为"文本挖掘有角度、审美思维有品质、素养形成有厚度"的一堂好课。

一是抓住了文本的真实语境。张老师上课的第一个问题"分析《归园田居》中的园田生活诗意",带领学生走进文本;课堂最后一个问题"诗意的园田,到底是谁的诗意",引导学生走出文本。整节课,从开始到结束,所有内容紧扣文本展开,既有顺序性又有阶梯性;即使是知识拓展,也是依据文本,延展文本,升华文本。这样的教学设计,不只是在结构上保证了教学的严谨和科学,更是充分挖掘了文本价值,让学生的理解、审美等能力有来源、不架空,让文本成为可以触摸的素材。

22. 课堂教学中的三个"有"——评张炜老师执教《归园田居(其一)》

二是呈现了教者的真实思考。文本是作者智慧,教学则是师者智慧,但后者必须在尊重前者的前提下有限度地呈现智慧。这里的尊重,不只是人格,更多是对作者和作品历史真实的尊重;有限度在智慧,是指教者必须鉴于作者真意、文本真实开展教学。我非常认可张老师对陶渊明辞官心理的分析,这是课堂内容的重点,也是亮点。因为,我们不少老师总觉得把这样一篇短文交给学生去读,学生能读出陶渊明厌恶官场、向往归隐就行了。其实,这矮化了一个伟大人物之所以伟大的真实心路历程。只有从内部和外部原因分析出陶渊明"走出官场、走进自我"的矛盾冲突,才能让一个伟大人物真实可感,并鲜活生动地影响学生。

三是催生了学生的真实素养。教学的最终落点要放在学生素养的形成上。本节课,学生素养的落点非常清晰:第一板块"诗意园田"侧重"语言建构与运用";第二板块"自由栖居"侧重"思维发展与提升";第三板块"羁旅之归"侧重"审美鉴赏与创造";第四板块"伟大人格"侧重"文化传承与理解"。难得的是,张老师没有一味顾及落点全面和平均用力,他巧妙地将四者融合又暗中突出后面两点,在师生碰撞、文本交融中真正实现了"润物无声"。

(南通市通州区教师发展中心 朱东林)

23.《就英法联军远征中国致巴特勒上尉的信》课堂实录

课堂再现

一、读标题,知背景

师:今天我们一起学习雨果的《就英法联军远征中国致巴特勒上尉的信》,一起来读一读文章标题。注意停顿。

(学生齐读标题)

师:我们先看看"英法联军远征中国"这一事件。哪位同学来读一读关于"英法联军远征中国"的介绍?

生:英法联军远征中国。英法联军之役,又称第二次鸦片战争,是1856年至1860年英法联合发动的侵华战争。1860年10月,英法联军控制北京,焚掠圆明园。

师:请同学们说说看,你知道这一事件以后是什么样的感受?

生:我觉得很气愤,因为当时中国比较落后,被侵略,因此有悲愤的感受。

师:很悲愤、气愤,因为英法联军侵略了中国。雨果呢,就这件事情,他曾写过一封信给巴特勒上尉。雨果为什么写这封信呢?同学们预习过了,哪位来介绍一下?

生:当时英法联军侵略中国,巴特勒上尉给雨果写信,希望利用雨果大文豪的声誉来渲染一种胜利的感觉。

师:就是通过雨果来宣扬英法联军获得的胜利。文章里哪一段有说明?

生:第一段。

师:我们一起来读一读。

(学生齐读第一段)

二、品语言，感态度

师：这一段有没有流露出作者对英法联军远征中国这一事件的情感态度呢？

生：应该是有流露的。因为他说，"在你看来，打着维多利亚女王……"，雨果认为这件事在巴特勒上尉看来是光荣的，但是在他看来是不光荣的。

师：哦，这里有个前缀，"在你看来"。虽然这里没有明确表达自己的观点，但是字里行间隐藏了一种情感。"在你看来，打着维多利亚女王……"，在你看来……，但是在我看来呢，可不一定是这样。还有没有？这段文字里面还有没有其他短语流露了这样的情感？

生：上面还有"你认为这次远征很出色"，"你认为"也有类似的效果。

师：嗯，那说说你的理解。

生：这里是"你认为"，也就是巴特勒上尉认为，并不是作者雨果认为的。

师：还有没有？

生："你认为这次远征是体面的，出色的"，巴特勒上尉他本来是来征求雨果的意见的，但是这时候他已经把自己的想法告诉别人了，甚至已经强加给雨果了，这还叫征求意见吗？所以他说"你认为这次远征是体面的，出色的"，这里也隐含了作者对英法联军远征中国的态度，雨果是不赞成巴特勒上尉的这个观点的。

师：是的，还有"多谢你对我的想法予以重视"，是不是雨果对巴特勒上尉非常感谢？你怎么读这句话？你来读一读。

(学生朗读这句话)

师：读的时候，你觉得这是真的感谢吗？

生：我感觉不是。我感觉这是反语。

师：这是反语。他想表达的是什么？

生：他想表达的是巴特勒上尉并没有对雨果的想法予以重视。

师：他想的是什么？

生：巴特勒上尉是想让雨果来表扬他，而雨果内心并不想。

师：嗯，所以这里的"多谢"其实并不是真正的谢意，从某种程度上来讲，这实际上是一种客套话。这个客套里面实际上也隐含着作者对巴特勒上尉的讽刺，这是一种反语，带有讽刺意味。

三、品情感,学写法

从这封信的开头第一小节,我们就能感受到雨果对巴特勒上尉的就英法联军远征中国这件事情持一种否定的态度,为什么作者会持否定态度呢? 文章里面是怎么讲的? 继续往下看。

(留给学生看书和思考的时间)

生:第三段描写圆明园壮丽的景象,然后写这个奇迹已经消失了,这与它先前的美丽景象和壮大的规模形成对比。第五段又写了消失的原因是两个强盗对圆明园进行了洗劫,所以他批判这种行为。

师:能用一句话概括出来吗?

生:他们对圆明园进行了洗劫。

师:圆明园本来是什么样子的? 雨果有没有对圆明园进行描写?

生:(朗读)"请你用大理石,用……"

师:嗯,好,请坐。她刚才朗读了雨果所介绍的这样一段文字。我们一起来把这段文字齐读一遍,朗读之后思考这一段文字有什么特色。

(学生齐读"请你用大理石,用……")

师:读完了以后,你觉得这段描写有什么特色?

生:好像句式都比较短。

师:句式都比较短,你读读看。

(学生朗读"请你用大理石,用……")

师:这里作者用了好多短句,为什么有这么多的短句呢? 比如"饰以琉璃,饰以珐琅,饰以黄金……"可不可以去掉两个,用省略号来代替? 一般我们写作最多写三个,后面就用省略号代替,他为什么要写这么多? "用大理石,用玉石……"

生:原文描述更突出了圆明园里面东西很多,富丽堂皇。

师:富丽堂皇。他说"用大理石,用玉石……",有大理石、玉石、青铜、瓷器。这些材料怎么样?

生:贵重。

师:没有用木头、用稻草、用柴火,用的都是贵重的材料。为什么用贵重的材料?

生:表现圆明园的富丽堂皇、艺术价值。

师:他运用了这么多短句,这实际上是一种写法:铺陈。(板书)什么是铺陈？浓墨重彩，平铺直叙。"用大理石，用玉石，用青铜，用瓷器"。你们再看这里，"给它上上下下缀满宝石，披上绸缎，这儿盖神殿……"多个句子描述圆明园，进一步表现圆明园至高无上的艺术价值。你们带着这样的理解，再读一读。

（学生齐读）

师：刚才我们分析了两组铺陈的句子，下面还有没有铺陈的句子？

生："一座座花园，一方方水池，一眼眼喷泉……"

师：还有吗？

生："加上成群的天鹅、朱鹭和孔雀……"

师：是的，你看这些动物都不是普通的鸡鸭，而是天鹅、孔雀。雨果在他的这封信里面是怎样评价圆明园的？

生："这是某种令人惊骇……"

师：挑一下关键词，简洁明了地告诉大家。

生：杰作。

师：杰作，圆明园是杰作。还有没有比这个词更好的？

生：令人惊骇的。

师：加了个修饰语，它还是杰作。还有没有？

生：不可名状。

师：还是修饰语，还有没有？

生：一个几乎是超人的民族……

师："超人的民族"是什么意思？

生：形容这个民族了不起。超人的民族，是对中华民族了不起的赞誉。

师：还有其他评价吗？

生：这是幻想的某种规模巨大的典范。

师：关键词？

生：典范。

师：典范。这个评价很高，比"杰作"还要高。还有没有？

生：请你想象有一座言语无法形容的建筑，某种恍若月宫的建筑。

师：用哪个短语概括？

生：言语无法形容。

师：言语无法形容，程度不够，人家都说杰作了。请坐。还有没有？

生:恍若月宫。

师:恍若月宫。在我们中国人眼里月宫是什么样的?

生:仙界。

师:这也是一个很高的评价。还有没有?

生:这是亚洲文明的剪影。

师:哦,亚洲文明的剪影。要看亚洲文明,要看东方文明,就要看这里。请坐。还有没有?

生:令人眼花缭乱的洞府。

师:是,但是跟刚才的短语不好比啊!请坐。

生:世世代代的结晶。

师:世世代代的结晶。智慧和文化的结晶,这是一个很高的评价。还有没有?

生:这个奇迹叫圆明园。

师:关键词读一下。

生:奇迹。

师:在世界的某个角落有一个奇迹。这是对圆明园至高无上的评价了。请坐。为了明确地表示圆明园的地位,雨果在刚才的那段文字里用了一种手法高度评价了圆明园。你们有没有发现?

生:类比。

师:类比。哪句话?

生:"圆明园在幻想艺术中的地位就如同巴特农神庙在……"

师:是的。"人们常说:希腊有巴特农神庙,埃及有金字塔……而东方有圆明园",也就是说圆明园和刚才所说的这些世界级、顶尖的建筑相提并论,这里运用类比的手法表现了圆明园是世界奇迹。类比的运用表明在雨果心目中,这是一个至高无上的奇迹,但是就这样消失了。一起读一下这句话。

(学生齐读"这个奇迹已经消失了")

师:我请一位同学朗读,读出这句话当中所包含的情感。

(学生朗读"这个奇迹已经消失了")

师:你读到了什么?

生:我读到了雨果对英法联军焚掠圆明园使这个奇迹永远消失,感到深深的惋惜。

师：请把惋惜的情感读出来。

（学生朗读）

师：还有什么情感？

生：还表达了雨果心中的悲愤。

师：悲愤。这个"悲"其实就是刚才所说的惋惜之情。为什么愤怒呢？

生：因为英法联军焚掠圆明园。

师："愤"是对谁的？

生：英法联军。

师：那"悲"呢？是对谁？

生：圆明园。

师：这里有一种惋惜之情，有一种悲愤之情。还有没有？这个奇迹已经消失了，这个世界奇迹已经消失了，中国圆明园消失了。其中还饱含什么情感？

生：同情中国。

师：同情。"有一个世界奇迹。"原文这里运用了一个句号，这里可否换成其他标点？

生：我觉得可以改成感叹号。因为感叹号可以更好地表达他内心的惋惜、悲愤、同情的复杂情感。

师：我们写作的时候可能会用感叹号，表示作者对圆明园的惋惜，尤其是对英法联军的愤恨、谴责、批判。这个奇迹就这样被他们毁了。我们继续往下看，下文哪些文字表现了作者对英法联军的谴责？把这些句子圈画出来。

（学生阅读课文，圈画批注）

师：下文哪些文字表现了作者对英法联军的谴责？

生：一个强盗洗劫财物，另一个强盗放火。

师：这里已经定性了。英法联军是什么？

生：强盗。

师：他们就是强盗。两个强盗。继续。

生：从前他们对巴特农神庙怎么干……

师：这句话里面最吸引你的是哪处？

生：更彻底，更漂亮，以至于荡然无存。

师：更彻底，更漂亮。更漂亮，大家有没有觉得这里用的"漂亮"有点怪怪的?

生:反语。

师:这里反语的效果是什么?

生:明褒实贬。

师:对,继续。

生:对英法联军火烧圆明园、掠夺圆明园的批判。

师:表现了对英法联军火烧圆明园的谴责、批判。反语的效果除了批判,还有什么?

生:讽刺。

师:强烈的讽刺。文中还有反语修辞吗?

生:丰功伟绩和收获巨大。

师:这两个词和刚才哪个词的效果是一样的?它们可以增强讽刺意味,表现作者的强烈谴责。请坐,还有没有?

生:笑嘻嘻地回到欧洲。

师:"笑嘻嘻地",你怎么理解这里?

生:写英法联军劫掠圆明园后的开心。

师:开心。这是对英法联军掠夺之后的丑态的描摹,不是反语。笑嘻嘻地拿着掠夺的东西回来了,这是描写英法联军掠夺之后的丑态。这个"笑嘻嘻"和你们平常的笑嘻嘻一样不一样?

生:不一样。

师:描写他们的丑态就是对他们的谴责、批判、讽刺。请坐。这段文字运用了反语修辞,反语还有一种说法叫反讽。我们一起来把屏幕上的这句话好好读一读,尤其是红字部分。

(学生朗读"现在对圆明园也怎么干,不同的只是……")

师:"我们欧洲人是文明人,中国人在我们眼中是野蛮人……""这就是文明对野蛮所干的事情"怎么理解?

生:实际是"野蛮对文明"。

师:野蛮对文明。这是一封信,也是一篇议论性的文章,文章主要表达了作者什么样的观点呢?我们总结一下。

生:作者对于英法联军焚掠圆明园的指责、批判,还有作者对圆明园被掠夺的惋惜、对中国人的同情。

师：作者的观点就是这样：对英法联军远征中国的谴责，对中国受到掠夺的同情。作者从第三段开始论述，是从哪几个方面论述的呢？第三段讲了什么？

生：圆明园的壮观景象。

师：讲的是圆明园的美。这种美至高无上，是世界奇迹。第四段往后写了什么？

生：写的是英法联军的丑态，他们焚掠圆明园，同时还恬不知耻。

师：作者前面写圆明园的美，与后面写英法联军远征中国、掠劫圆明园有没有关系？

生：圆明园越美，英法联军的罪行就越大。前面为后面做铺垫。

四、比异同，深理解

师：第二单元前面有这样一句话，一起读"本单元所选的都是议论性文章……"刚刚上课的时候，我们同学对英法联军表示痛恨，这是一种爱国情怀，因为他们焚烧了我们的圆明园，他们侵略了我们。同学们想一想，作者雨果和我们在对待英法联军远征侵略中国这一事件的态度一样吗？

生：（齐说）一样。

师：都谴责。原因一样吗？

生：不一样。

师：哪里不一样？

生：雨果是站在世界艺术的角度，是出于保护艺术价值，所以他要谴责。而我们呢？这是我们自己的国家，我们自己的国家被侵略了，心中是愤怒的，这是出于一种爱国情怀。

师：嗯，我们是出于一种爱国情怀，而雨果是站在保护世界艺术价值的角度。文章有没有这样的话语告诉我们？

生：在第七段，"政府有时会是强盗，而人民永远也不会是强盗"。

师：这句话是什么意思啊？

生：我觉得这句话就是说这次英法联军远征中国是法国政府和英国政府的决策，而不是人民想要这样干的，所以说他批判的是罪恶的统治者，而不是人民。

师：这个思考角度和刚才那位同学的思考角度又不一样了。你认为雨果是站在人民的立场上，站在世界人民的立场上。在第三段我们读到，"为了创建圆明园,曾经耗费了两代人的长期劳动……"请读后面一句话,"为谁而建?……"

（学生朗读这句话）

师:雨果是站在世界人民的立场上,是站在世界艺术价值的角度上来写这篇文章的。这是雨果一向的思想,一向的人道主义思想。雨果的代表作——《悲惨世界》《巴黎圣母院》都表现出了他的人道主义思想,你们可以去读读。今天的课就到这里,下课！同学们再见！

（江苏省南通市东方中学　周国圣）

24. 核心素养背景下语文课的构建

——《就英法联军远征中国致巴特勒上尉的信》教学思考

教学自省

自《普通高中语文课程标准(2017年版)》发布以来,四大核心素养已然成为语文课堂教学评价的主要依据。一线教师的常态课,无表演之嫌,具有普适性,是落实教育教学目标的基本路径。那么,语文一线教师如何在日常教学中落实四大核心素养,如何在常态课中构建生成核心素养的教学过程,成为亟须解决的问题。

这里且以部编版初中语文教材九年级上册《就英法联军远征中国致巴特勒上尉的信》为例,阐述一些探索和思考。

一、核心素养之间的关系

语文学科核心素养,是学生在积极的语言实践活动中积累与构建起来的,并在真实的语言运用情境中表现出来的语言能力及其品质;是学生在语文学习中获得的语言知识与语言能力,思维方法与思维品质,情感、态度与价值观的综合体现。它主要包括"语言建构与运用""思维发展与提升""审美鉴赏与创造""文化传承与理解"四个方面。[1]温儒敏教授不仅告诉我们核心素养的内涵和要素,而且帮助我们理顺了四大核心素养的关系。四大核心素养,紧紧围绕"语言的建构与运用",其既是四大核心素养的组成,也是基石,更是达成路径。因此,指向核心素养下的语文常态课,应以引导学生构建语言运用机制为中心,在具体的语言实践中提升学生四方面的核心素养。

二、语文常态课的构建

《就英法联军远征中国致巴特勒上尉的信》编排在部编版初中语文教材

九年级上册第二单元,本单元所选的都是议论性文章。学习阅读议论文,需要学会把握作者的观点,区分观点和材料,理清论证的思路和方法。《就英法联军远征中国致巴特勒上尉的信》是雨果写给巴特勒上尉的一封信,一封谴责英法联军远征中国并劫掠圆明园的罪行的信。这不仅是一封信,更是一篇观点明确的议论文。如何在这一节课上提升学生的语文核心素养,如何将这节课上成培养学生核心素养的语文课,是我们需要研究的问题。可以从这几方面入手。

1. 化无形为有形,让语文可感可触。

语文学科的人文性蕴含于工具性之中,工具性指向人文性,二者紧密联系。立德树人是所有学科的根本指导思想,语文学科如何落实立德树人目标显然由语文学科特点决定。这就决定了语文学科的立德树人目标不能脱离工具性,决定了语文学科的立德树人目标需要在具体的教学实践中实现,需要遵循语文学科的规律进行。人们常说的"缺少语文味",就是指教学忽视了语文的工具性,离开了语文的教学目标,离开了语文的学科规律。因此,语文教学不可忽视语文学科的工具性特点,不可忽视语文学科的具体目标,不可离开字、词、句、篇、语、修、逻、文。语文课需要以这些为抓手,为主线,为中心。

阅读议论文,需要明确作者的观点。学生自读《就英法联军远征中国致巴特勒上尉的信》后,能够知晓作者的观点;课堂教学如若继续与学生反复谈论文章主旨,显然乏味,也难以提升学生核心素养,故不能将讨论作者观点作为这节课的教学重点。依据语文学科工具性与人文性的关系,课堂教学基于学情又高于学情,这节课应将雨果如何表达自己的观点作为课堂教学的重点。其表达观点的方法与策略指向语文的工具性,指向学生语言的建构与运用,让学生切实感受到大师的语言魅力。具体而言,可从篇章与言语两个层面构建。篇章,即作者的谋篇布局、行文思路,作者是如何一步一步表达自己观点的。这与单元导语"理清论证的思路与方法"完全一致,因此,这一课的教学需要引导学生理清作者的思路,分析文章的结构。《就英法联军远征中国致巴特勒上尉的信》先描摹、赞叹圆明园之美,后揭露、谴责英法联军的强盗行为,前者展示美好,后者展示美好被毁灭,前后对比,达成控诉英法联军罪行的目的。言语,即作者遣词造句的方法与技巧。恰当的言语能够更好地表达意思。语文课堂教学离不开言语表达技巧的发现与学习,《就英法联军远征中国致巴特勒上尉的信》运用了铺陈、类比、反语等表达技巧,有效地表

24. 核心素养背景下语文课的构建——《就英法联军远征中国致巴特勒上尉的信》教学思考

达了作者对英法联军、英法政府、圆明园及中国人民的情感态度。课堂教学过程中,教师要引领学生走进文本内部,体味字里行间的意味,感受作者语言的表达魅力。其一是引领学生阅读描摹圆明园的文字,如:"请你用大理石,用玉石,用青铜,用瓷器建造一个梦,用雪松做它的屋架,给它上上下下缀满宝石,披上绸缎,这儿盖神殿,那儿建后宫,造城楼,里面放上神像,放上异兽,饰以琉璃,饰以珐琅,饰以黄金,施以脂粉;请同是诗人的建筑师建造《一千零一夜》的一千零一个梦,再添上一座座花园,一方方水池,一眼眼喷泉,加上成群的天鹅、朱鹭和孔雀。总而言之,请你假设人类幻想的某种令人眼花缭乱的洞府,其外观是神庙,是宫殿,那就是这座园林。"通过阅读,学生感受到圆明园作为世界奇迹、幻想典范具有至高无上的艺术价值,是东方文明的剪影。语文课堂教学不能仅仅停留在阅读文本、知晓内容层面,否则,语文的味道难以提取!语文课堂教学更需要关注言语表达的形式和方法,以及背后的表达效果。雨果在描摹圆明园时用了一些表达技巧,如:"用大理石,用玉石,用青铜,用瓷器建造一个梦""饰以琉璃,饰以珐琅,饰以黄金,施以脂粉""再添上一座座花园,一方方水池,一眼眼喷泉,加上成群的天鹅、朱鹭和孔雀"。一系列的铺排凸显圆明园是世界幻想艺术的典范,突出其高超的艺术价值。"希腊有巴特农神庙,埃及有金字塔,罗马有斗兽场,巴黎有圣母院,而东方有圆明园"运用类比的方法,表现圆明园在世界的价值地位。师生在玩味语言中感受表达效果,不仅感知了圆明园的艺术价值,而且理解了雨果为彰显圆明园的美,运用铺排、类比等手法,凸显了圆明园的世界典范地位。

在常态课上,学生在进行语言体悟训练后,语言感受力、理解力、运用能力渐渐内化,语言建构与运用的目标自然达成,学生的语文核心素养也自然得到提升。

2. 化表层为内里,让语文有品质感。

人民教育家于漪老师在《关于语文教育人文性的对话》一文中指出,语文教育不仅应注意语言工具训练,还要贯彻人文教育思想。在语文四大核心素养中,"思维发展与提升""审美鉴赏与创造""文化传承与理解"三者指向立德树人,需以"语言建构与运用"为基础,并在学生语言实践活动过程中得以实现。语言实践活动除了指向"表",即语言的内容和形式,还应指向"里",即思维、审美、文化,或兼而有之。

（1）思维。思维的品质，从某个层面看，包括思维的深刻性、敏捷性、灵活性、批判性等。我在执教《就英法联军远征中国致巴特勒上尉的信》一课时，引导学生阅读理解"从前他们对巴特农神庙怎么干，现在对圆明园也怎么干，不同的只是干得更彻底，更漂亮，以至于荡然无存""这就是文明对野蛮所干的事情"，既要引导学生理解作者运用反语修辞表达对英法联军劫掠圆明园的愤恨与谴责，又要明白作者为表达谴责之情运用了反语的修辞手法。至此，教学依然仅仅停留在语言的建构与运用层面。教学实践中，为促进学生深入理解雨果的博大情怀、人道主义、人民立场，我通过设计问题，使学生自然地理解了雨果是站在世界人民的立场上，是站在世界艺术价值的角度上写文章的。由此，学生能够感受到雨果难能可贵的人道主义思想。如此引导与比较，学生思维的深刻性、敏捷性自然获得发展。

（2）审美。审美鉴赏与创造，即通过审美体验、评价等活动形成正确的审美意识、健康向上的审美情趣和鉴赏品味，并在此过程中逐步掌握表现美、创造美的方法。[2]审美教育是以艺术和各类美的形态作为具体媒介手段，通过审美活动展示审美对象丰富的价值意味，直接作用于受教育者的情感世界，从而潜移默化地塑造和优化人的心理结构，铸造完美人生，提升人生境界的一种有组织、有目的的定向教育方式。[3]语文课不是审美教育课，语文核心素养中的审美，也不同于审美教育。语文课中的审美，主要是对文本形式及其蕴含的思想进行审美，使学生形成正确的审美意识、情趣、标准，认识作者表达美的方法，逐步掌握运用语言文字表达美、创造美的方法。学生解读雨果笔下的圆明园，一方面需要通过阅读感受圆明园的华丽之美，感受其极高的艺术价值，另一方面需要认识雨果表达圆明园美的方法，如前面提到的铺排、类比等手法。学生阅读书信开头，不仅需要感受到雨果对巴特勒上尉的反讽，而且需要明白雨果是如何表达这样的态度的，像"你认为这次远征是体面的，出色的"中"你认为"三个字，微言大义，蕴含着作者对英法联军远征中国劫掠圆明园的否定态度。学生在阅读"这个奇迹已经消失了"时，不仅需要体会其中饱含着作者的痛心，而且需要认识到此句独立成段的妙处。在常态课中这样咀嚼文字，形成审美情趣与审美意识，提升遣词造句能力，那么表现美、创造美的水平自然会提高。

（3）文化。文化传承与理解，具体而言是指继承和弘扬优秀的传统文化、革命文化、社会主义先进文化，理解与鉴赏不同民族和地区的文化，拓展文化

24. 核心素养背景下语文课的构建——《就英法联军远征中国致巴特勒上尉的信》教学思考

视野,增强文化自觉,提升中国特色社会主义文化自信,热爱祖国语言文字,热爱中华文化,防止文化上的民族虚无主义。[4]文化,即精神,是立德树人的营养供给,因此,文本解读需要挖掘蕴含的精神文化,语文课堂不能没有文化元素。《就英法联军远征中国致巴特勒上尉的信》虽然是一封信,但其中不乏文化因子,雨果之所以谴责英法联军,是因为其站在世界人民立场和世界艺术立场上,"政府有时会是强盗,而人民永远也不会是强盗",明确表达了作者对英法政府的批判,而非对英法人民的谴责。理解文本、咀嚼文字、赏析语言终须指向精神文化。这样的解读能够使学生深入理解雨果的思想,拓展了学生的文化视野。

3. 化知识为智慧,让语文有法可依。

核心素养如何落实,常态课如何构建?在剖析了常态课《就英法联军远征中国致巴特勒上尉的信》之后,我归纳了以下三个方面。

(1)精准解读。准确,是指解读文本有源可溯。文本作为教学内容的载体,层面关系需要厘清。在核心素养指向下,教学文本至少包含两个层面:内容和形式。内容层面指向思维、审美、文化等,形式层面指向语言、思维、审美等;前者为立德树人,后者为语言运用;前者指向人文性,后者指向工具性;这种关系,可理解为文本解读的一体双翼。文本解读,遵循从语言中来的基本原则,理解内容,把握主旨,提取表达特色与技巧,挖掘审美与文化元素,落实立德树人的根本目标。

(2)科学预设。科学,是指确定教学目标与教学内容需要依规而行,遵循语文教学规律。无论是教学目标的确定,还是教学内容的细化,都需要寻找教学文本与核心素养的契合点,从文本内容到核心素养,从文本内容到语言样式,形成某节课的具体教学目标和教学内容。

(3)有序教学。有序,是指在语文教学的规律下,基于学情,将教学内容进行调整、排序。一般而言从整体到局部,从文本到人文再到语言,在读进去走出来的螺旋式上升中,完成具体教学目标,潜移默化达成立德树人目标,提升语言运用能力。

江苏省语文特级教师黄厚江曾指出,语文对学生的用处最基本的是两个:一个是让学生学会学习语文,能够运用语文,会读会写会听会说;一个是丰富学生的精神世界,为学生搭建精神的家园。[5]前者是工具,后者是人文;前者是语言,后者是思维、审美、文化。语文味,从语言中来,语文课,到语用中去。因此,常态课需细化核心素养,明确教学内容,借助工具、人文两翼,方能飞往语文的蓝天。

参考文献

[1][2][4]温儒敏.坚持立德树人,立足核心素养——用好统编本语文教材的两个前提[J].语文建设,2019(14):4-7.

[3]朱立元.美学[M].北京:高等教育出版社,2001.

[5]王旭明.牢牢把握语文教育正确方向,将课标精神落到实处[J].语文建设,2017(19):4-14.

(江苏省南通市东方中学　周国圣)

25. 巧借写作技法，优化课堂结构

——观《就英法联军远征中国致巴特勒上尉的信》一课

同行点评

人们常常将一节好的语文课比作一篇好文章。好文章，文质兼美。文，指文章的表达形式，包含语言文采和文章结构；质，指文章的内容和主旨。好的语文课也需要文质兼美，如果"文"用来借指课堂教学的方法、教学目标的达成路径，那么"质"可以用来借指课堂教学的内容、核心素养的落实程度。"质"在内，"文"在外；"文"是过程，是方法，"质"是目标，是预期。

初读《就英法联军远征中国致巴特勒上尉的信》，感觉多了几分历史的味道，少了几分语文的味道，读起来甚是乏味。这样的文章从何教起、教什么是我们语文人共同困惑的难题。本节课是一节常态课的公开课，目标明确，思路清晰，语文味浓，学生参与度高，教学内容、教学过程与语文核心素养一一匹配。因此，可以说这是一节指向学生语文核心素养的课。细细品味，这节课之所以能够获得学生的喜欢，获得听课同仁的好评，除了教学目标精准、教学内容牢牢扣住语文要素外，还有一点就是巧妙借用写作技法，转为教学技法，优化课堂结构，提高学生语文的核心素养。具体而言，执教老师至少运用了三种技巧。

1. 悬念激趣。设置悬念，是写作时在文章的某一部分设置一个疑问，引发读者急切期待和关心的心理的一种写法技巧。设置悬念，可激发读者阅读兴趣。语文课堂教学也可引入"悬念"这样的技巧。有悬念的课堂往往波澜起伏，不会平铺直叙，容易激发学生学习的兴趣。好的悬念往往源于文本，从文本中来，自然生成，而非教师强加给学生的。好的悬念往往是解读全篇的

主问题的切入点,"牵一线动全身"。本节课在解读这封信的开头时,在老师的引导下,学生透过"你认为这次远征是体面的,出色的"一句中"你认为","多谢你对我的想法予以重视"中的"多谢"等关键词句,感受到作者对巴特勒上尉的讽刺与批判意味。学生顺势自然产生疑问:雨果为何对巴特勒上尉、英法联军远征中国持批判讽刺的态度呢?这是学生要深思的问题,也是整节课的主要问题。课堂教学以此设置悬念,自然能够促进学生阅读与思考,激发学生解读下文的兴趣,帮助学生进一步理解作者。

2. 铺垫蓄势。铺垫,是写作技巧中的烘托手法,是为了表现主要写作对象而提前做的基础性描写。雨果在《就英法联军远征中国致巴特勒上尉的信》的第三段中,运用了大量笔墨描摹了圆明园的美,用材高贵,装饰华丽,气势恢宏。运用铺排的修辞和整散结合的句式,凸显了圆明园极高的艺术价值和典范地位。作者之所以这样浓墨重彩地铺陈,是为下文表达圆明园被摧毁的悲愤作铺垫。在这节课上,执教老师从两个层面引领学生咀嚼该段文字,首先从文本内容层面,通过圆明园中的用材、装饰、布局等角度,感受圆明园的艺术价值;然后,从语言形式层面,通过阅读咀嚼发现作者的语言特色,感受到作者运用了铺排修辞,句式整齐,增强语势,凸显圆明园的华丽之美。在语文课堂教学中,教师带领学生分析语言的形式和意蕴,学习语言的表达技巧,理解文本内容和文章主旨。这样的课堂教学切实提高学生语文核心素养,分别指向"语言建构与运用""思维发展与提升""审美鉴赏与创造""文化传承与理解"。在品析语言中理解文本,感受意蕴;在理解文本后,体会表达技巧,提高语言运用能力。我们透过文字,在充分感受圆明园艺术价值的基础上,随着作者的文思,读到"这个奇迹已经消失了",心绪一落千丈。作者先充分展示美,再将"美的毁灭"展示给读者看,其目的就是想表达作者对英法联军劫掠圆明园的谴责。本节课的课堂节奏与作者的行文节奏同频,这样的课堂,如同一篇好文章,起承转合,水到渠成。

3. 对比深读。对比,是把具有明显差异的双方安排在一起,进行对照比较的修辞手法。根据布鲁纳的学习理论,人们是根据类别或分类系统来与环境相互作用的,或者借助已有的类别来处理外来信息(同化),或者由外来信息形成新的类别(顺化)。无论是哪一种情况,信息加工的最终产物,是对刺激输入的认同性作出抉择,或对与刺激输入相联系的物体或事件作出各种推理。如果刺激输入与人们已有的类别全然无关,那么,它们是很难被加工的。

25. 巧借写作技法,优化课堂结构——观《就英法联军远征中国致巴特勒上尉的信》一课

换言之,输入的刺激与原有的知识类别具有一定的可比点。[1]在教学过程中,要找到输入的刺激与原有知识类别的可比点,巧用对比,这样一方面可以激发学生学习兴趣、提升学生思维品质,另一方面可以促进学生深读文本、体会意蕴。学习雨果的《就英法联军远征中国致巴特勒上尉的信》,就文本意蕴层面而论,不仅需要理解作者对圆明园被毁的痛心、同情,对英法联军劫掠行为的愤恨,更要感受雨果的人道主义、人民立场。如何引领学生开展深度阅读,如何让学生在课堂学习中理解这些深层次意蕴?如果引入作者的其他作品,把其他作品中的人道主义思想嫁接给本节课,或者直接在课堂小结阶段,通过教师的独白,直接告诉学生雨果的思想,均非以生为本,这样的习得不是学生阅读的结果,只能算是知识的传授,难以提升学生的学习力。本节课学生在自主阅读、对比的基础上,体会到雨果与我们对英法联军愤恨的原因不同,雨果站在人民的立场,体现了他的人道主义思想。教学细节具体如下:

师:刚刚上课的时候,我们同学对英法联军表示痛恨,这是一种爱国情怀,因为他们焚烧了我们的圆明园,他们侵略了我们。同学们想一想,作者雨果和我们在对待英法联军远征侵略中国这一事件的态度一样吗?

生:(齐说)一样。

师:都谴责。原因一样吗?

生:不一样。

师:哪里不一样?

生:雨果是站在世界艺术的角度,是出于保护艺术价值,所以他要谴责。而我们呢?这是我们自己的国家,我们自己的国家被侵略了,心中是愤怒的,这是出于一种爱国情怀。

师:嗯,我们是出于一种爱国情怀,而雨果是站在保护世界艺术价值的角度。文章有没有这样的话语告诉我们?

生:在第七段,"政府有时会是强盗,而人民永远也不会是强盗"。

师:这句话是什么意思啊?

生:我觉得这句话就是说这次英法联军远征中国是法国政府和英国政府的决策,而不是人民想要这样干的,所以说他批判的是罪恶的统治者,而不是人民。

师:这个思考角度和刚才那位同学的思考角度又不一样了。你认为雨果是站在人民的立场上,站在世界人民的立场上。

教师运用对比的方法,引导学生比较。学生在比较中深入理解文本,理解作者,走向文本深处,这对学生的精神视野是一种无形的熏陶。

悬念、铺垫、对比,本是写作中常用的技法。课堂教学如同构思一篇好文章,在教学目标确定后,巧妙运用悬念、铺垫、对比等方法,可以有效优化课堂结构,调整课堂节奏,提高学生的学习兴趣,还可以引导学生自然进入文本深处,深刻理解作者的写作意图。

参考文献

韩美娟.中学语文阅读教学比较方法种种[J].湖州师范学院学报,1997(4):79-81.

(江苏省南通市东方中学 陆 艳)

26. 学科德育理念下的情境与建构
——《中华人民共和国成立》课堂实录

课堂再现

本课是以学科德育为导向的一次尝试与思考。在设计过程中，笔者以育人为核心，努力使历史教育的过程成为净化学生心灵、陶冶学生情操、培养学生具有历史学科特征的正确价值观念的过程。具体教学设计与思考如下。

一、教学思路

本课是统编版《中国历史八年级下册》的第1课，作为中国现代史的开端，本课在教材中具有重要地位。对照《义务教育历史课程标准（2011年版）》，我们发现《义务教育历史课程标准（2022年版）》在内容要求中，将原来的"了解政治协商会议制度，知道中国特色社会主义的民主政治"改成了"了解中国人民政治协商会议召开，通过中国共产党领导的多党合作和政治协商制度等，认识当代中国政治制度的内涵及意义"。这一内容要求对于初中学生来说，是不易理解的，但也是必须要掌握的。例如"中国共产党领导的多党合作和政治协商制度"，它的理论性较强，但作为我国的一项基本政治制度，是每个中国公民都必须知晓的历史常识。因此，在设计本课时，除了对一些必要的历史知识进行讲解外，更重要的是要适时对学生开展学科德育的渗透，提升学生的历史思维能力和发展眼光，体会历史发展中的继承与变革，认识各国都有选择自己国家政治发展道路的权利，从而让学生感受到"中国人民从此站立起来了"所包含的民族精神。

二、教学目标

知道中国人民政治协商会议第一届全体会议、开国大典、西藏和平解放等基本史事;学会从油画、影片、诗歌和史料中提取历史信息;感受政治协商会议召开和新中国成立时人民群众内心的喜悦感和民族自豪感,培养学生的爱国情怀。

三、教学过程

(展示材料一:油画《开国大典》)

师:通过这幅油画,你能从中提取出哪些信息?

生:毛主席站在天安门城楼的中央,正在麦克风前庄严地宣读公告;背后站着各界代表,画面中第一排领导人全是国家副主席。

师:画面中的天空画得干净利落,但其实开国大典当日是阴天,上午还下过雨,作者采用"风和日丽""富丽堂皇"的效果是为了传达"庄严而热烈的场面"。那么,开国大典时的场景究竟是怎样的呢?

(设计意图:通过对油画的观察,让学生初步感知开国大典时的盛况,激发学生的探究欲望;通过油画画面呈现与真实情况的对照,使学生产生疑问,由此导入新课。)

(一) 中国人民政治协商会议

(展示材料二:中国人民政治协商会议第一届全体会议图片,结合图片讲解)

师:为筹建新中国,1949年9月,600余名代表齐聚北平,讨论成立新中国的问题。会议主要内容大致可用什么来概括呢?

生:一个纲领、一个政府、一位主席、一个首都、一首国歌、一面国旗、一种纪年法和一座纪念碑。

(展示材料三:新中国第一面国旗的诞生和国旗赶制的故事)

师:听了这两个故事,同学们说说看,为迎接新中国的诞生,人们内心是一种怎样的感受?

生:为了迎接新中国的诞生,人们的内心充满了期盼和渴望。

(设计意图:通过两个小故事,适时对学生进行学科德育的渗透,让学生初步感知新中国成立前人们内心的期盼和渴望之情,激发学生的爱国热情。)

(展示材料四:中国人民政治协商会议第一届全体会议参会代表人数及组成情况示意图)

师:在参会的代表中,一些过去被人们瞧不起的穿着"短衫"和"工装"的工人、农民,现在也能够同穿着"西服"和"长袍"的人坐在一起,平等地共商国是,这是过去根本无法想象的,这说明了什么?

26. 学科德育理念下的情境与建构——《中华人民共和国成立》课堂实录

生:说明这才是真正的人民民主,本次会议代表和反映了全国人民的意愿,也体现了中国人民空前的团结。

师:在这次会议上,毛泽东说:"诸位代表先生们,我们有一个共同的感觉,这就是我们的工作将写在人类的历史上,它将表明:占人类总数四分之一的中国人从此站立起来了。"上述示意图和毛泽东的话反映了什么?

生:反映了旧时代的结束,新时代的开始;本次会议初步建立起了中国共产党领导的多党合作和政治协商制度。

(展示材料五:中国共产党领导的多党合作和政治协商制度的特点)

师:你能从材料中概括出政治协商制度的形成对我国政治生活作出的贡献吗?

生:政治协商制度是中国社会主义民主政治的伟大成就。

(设计意图:通过对示意图和相关史料的研读,让学生知道政治协商制度是中国社会主义民主政治的一部分。适时对学生进行学科德育的渗透,帮助学生正确理解"人民民主"的内涵,增强学生的制度自信。)

(过渡:中国人民政治协商会议第一届全体会议的召开为新中国的成立作了充分准备,会议决定于1949年10月1日下午3时许,举行开国大典,向全世界宣告新中国的诞生。)

(二) 开国大典

(播放:《开国大典》视频片段)

师:请同学们以一个亲历者的身份来描述一下你所知道的《开国大典》。

生:开国大典当日,首都30万军民齐集天安门广场,毛泽东向全世界宣告:"中华人民共和国中央人民政府今天成立了!"

师:如果你亲历了开国大典,你又是什么心情呢?为什么呢?

生:激动、喜悦……

(设计意图:创设历史情境,重温历史画面,拉近学生与历史的距离,在氛围营造中渗透学科德育,在角色转换中让学生切实感受到开国大典时人们内心的激动和喜悦,培养学生爱国、爱党的热情,适时进行爱国主义教育。)

(展示材料六:家乡主流报纸《江海报》对开国大典当日的报道、朗诵诗人胡风的长诗《时间开始了》)

师:介绍一位参加典礼的亲历者几十年后的回忆和著名作家、当时担任《大公报》记者的萧乾的回忆,提问:从报道、诗歌、他人的回忆和记录中,你又有怎样的体会呢?

生:在普天同庆之时,广大中华儿女都在用自己的方式来表达着他们内心的激动与喜悦。

(展示材料七:担任美国约翰·霍普金斯大学中国研究系主任的蓝普顿对新中国成立的评价)

师:你能从中概括出新中国成立的意义吗?

生:民族独立、人民解放,也壮大了世界和平民主和社会主义的力量。

师:正如巴金所言,这百年来有多少撕裂人心的痛史啊。而现在那一切都过去了。的确,自从有了中国共产党,中国革命的面貌焕然一新。占人类总数四分之一的中国人从此站立起来了,中国开始进入社会主义革命和社会主义建设的新时期。从中,你又得出怎样的启示呢?

生:没有共产党就没有新中国。

(设计意图:通过多种方式展示开国大典时人们内心的感受,在情感渗透中,促使学生进一步感受新中国成立时人民群众内心的民族自豪感,提升学生对"新中国的成立,开辟了中国历史的新纪元"的认识,并及时对学生进行爱国、爱党教育,在材料研读中再深入体会新中国成立的历史意义。)

(过渡:在新中国成立之时,祖国大陆其实还并没有完成统一,当时的形势依然是非常严峻的。)

(三) 西藏和平解放

(展示材料八:全国领土基本解放示意图)

师:人民解放军在解放西南各省后,一面向西藏进军,一面力争和平解放西藏。(播放视频,提问:最终西藏问题是怎么解决的?)

生:西藏得以和平解放。

师:毛泽东后来总结说:"国家的统一,人民的团结,国内各民族的团结,这是我们的事业必定要胜利的基本保证。"结合教材,你能概括出西藏和平解放的重要意义吗?

生:祖国大陆获得了统一,各族人民实现了大团结。

教师总结:过去的 2019 年是中华人民共和国成立 70 周年,你们成为这伟大时代的见证者、亲历者和受益者。你们长大后,也将成为新时代的建设者和创造者。老师希望你们能够始终牢记使命,坚定前行,以梦为马,不负韶华。让我们坚信,只要在中国共产党的坚强领导下,在 14 亿中国人民的共同

26. 学科德育理念下的情境与建构——《中华人民共和国成立》课堂实录

努力下,中华民族的伟大复兴一定能够实现,胜利终将属于伟大的中国人民!

(设计意图:在总结中再次进行学科德育渗透,帮助学生认识到新中国成立70多年来所取得的伟大成就,坚定跟党走的信念,并给予他们信心和希望,帮助他们树立为中华民族伟大复兴而努力学习的远大理想,鼓励他们努力成为新时代的建设者和接班人。)

(南通市东方中学　黄　杰)

27. 寻策于学，育德于教
——《中华人民共和国成立》教学反思

教学自省

　　本课是以学科德育为导向的初中历史课堂教学实践的一次初步尝试。在教学中，笔者除了考虑对一些重要知识点的掌握外，更侧重于考虑对彰显学科育人价值的探讨。本课是统编版《中国历史八年级下册》的第一课，作为中国现代史的开端，笔者认为在教学中除了要让学生了解某些历史事件的意义外，更重要的是要站在整个中华民族伟大复兴的角度去思考；通过对一些历史事件的重现，让学生能真正感受到在新中国成立时，人们发自肺腑的喜悦和自豪，从而理解"中国人民从此站立起来了"所包含的民族精神。回顾本课的设计，笔者有以下几点思考。

　　1. 广泛阅读助力拓宽学科德育思路。阅读的广度决定教学的高度，教师只有通过大量的阅读，才能更加全面立体地了解新中国成立前后国内和国际形势，找到教学设计的切入点。本课在探究开国大典盛况的设计中，选用了一位参加典礼的亲历者和《大公报》记者萧乾的回忆，这一设计思路源于对资料的阅读过程。教师只有让曾经真实发生过的历史事件以情境设置的方式出现在学生面前，让学生置身其中思考历史问题，产生把握时代命运的历史使命感，才能更好地激发学生谈及历史问题的积极性。[1]教学中，笔者通过对亲历者及现场记者感受的描述，来还原开国大典时的盛况；同时又通过情境创设，让学生来讲述他所知道的"开国大典"及内心的感受。在此过程中，教师再适当进行点拨，适时对学生开展学科德育的渗透，从而使学生在情感上产生共鸣，达到学科育人的目的。

2. 运用史料助力拓展学科德育途径。历史是一门注重逻辑推理和严密论证的人文学科,学会在史料中发现线索和有效信息,并经过思辨与探究进行提炼,可以有效地培养学生运用史料进行实证的能力,如使用得当,也可成为学科德育的有效途径。本课中,为了能使学生更好地理解"中国社会主义民主政治"和"新中国成立的历史意义"这两个内容,教师适时运用了两段史料。通过对史料的研读,一方面激发了学生的思维,培养了学生的史政意识;另一方面,在对内容的分析中,帮助学生得出启示:没有共产党就没有新中国,以此增强学生对中国特色社会主义制度的自信,在提升学生历史素养的同时,也开展了一次深入的学科德育活动。

3. 巧用案例助力讲述学科德育故事。为了使学生能感受到历史的真实和亲切,增强学生对历史的认同感,激发学生探究历史的兴趣和欲望,教学中,加强对相关资源和案例的挖掘是十分必要的。本课在设计时,确定的教学立意是:要让学生能站在民族复兴的角度去感受历史的转折,体会当时人民内心的喜悦。为达成这一目标,教学中,笔者巧妙选用了赵文瑞缝制第一面国旗和广大企业赶制五星红旗热潮的案例,以点带面,在故事的讲述中渗透学科德育,以此来表达人们内心的渴望与期盼,达到情感上的共鸣。

(南通市东方中学 黄 杰)

参考文献

王秀青. 基于核心素养培育由教转学的尝试——以"开创外交新局面"一课为例[J]. 中学历史教学参考,2019(13):4-10.

28. 注重过程，让学科育德落地生根
——《中华人民共和国成立》教学评析

教学评析

在长期的教育改革与发展历程中，学科德育会随着时代政策的变化被赋予新的要求和内涵。2014年教育部在《关于全面深化课程改革 落实立德树人根本任务的意见》中提出了"核心素养体系"这一概念，这是学科教育在全面贯彻党的教育方针、落实立德树人根本任务、发展素质教育中的独特贡献。

作为一门人文学科，历史学科五大核心素养培养要求的提出，其实也是学科德育价值的集中体现，两者是相互依存、相互交融的。其中史料实证和历史解释是学科德育的重要途径；时空观念是学科德育的本质要求，唯物史观和家国情怀则是学科德育的重要价值目标；而课堂教学中学科德育的有效落实，也将会有助于学生核心素养的培养与形成。这些都在本课的教学中得到了充分的体现。

一、在史料实证和历史解释的过程中找寻学科德育的有效方法

史料实证和历史解释既是历史学科的五大核心素养内容，同时又是课堂教学中实施学科德育的有效途径。在本课中，教师充分运用了这两种方法展开教学。例如在讲述政治协商制度的地位时，教师引用了张献生著作《试论我国多党合作制度的民主价值》中的一段史料加以例证；此外，为充分展现开国大典当日人们心中的自豪和喜悦之情时，教师引用了一位亲历者及《大公报》记者萧乾的回忆录加以证实。通过对这些史料的多角度解读，还原了历史现场，在认识历史真实面貌的同时又加强了学科德育的渗透，可谓是一举两得。另外，为了能使学生更加清晰地理解政协委员的广泛性特点，教师引

28. 注重过程,让学科育德落地生根——《中华人民共和国成立》教学评析

用了"参会代表人数及组成情况示意图"加以解释,通过对穿着"短衫"和"工装"的工人、农民,与穿着"西服"和"长袍"的人坐在一起平等共商国是的描述,来帮助学生直观理解代表们具有的广泛性特点。在此基础上,又通过对过去少数人的权利与现在多数人能享受的权利之间的对比,来帮助学生正确理解"人民民主"的内涵,在学科德育的渗透中,促进他们对中国社会主义民主政治伟大成就的认识,增强他们的制度自信。

二、在时空观念的培养中探寻学科德育的本质要求

新课标指出:"任何历史事物都是在特定的、具体的时间和空间条件下发生的,只有在特定的时空框架中,才可能对史事有准确的理解。"[1]本课在讲述"西藏和平解放"这一子目时,教师首先指出:在新中国成立时,祖国大陆其实还并没有完成统一,当时的形势依然是非常严峻的。然后,教师结合"全国领土基本解放形势图",从时间和空间上进行全方位和多角度讲解,帮助学生清晰认识当时形势,培养他们的时空观念,并在学科德育的过程中探寻历史教育的本质属性,增强学生在特定的时间联系和空间联系中对事物进行观察、分析的意识和思维能力,并加强对学生进行我国的民族政策和国家统一意识的教育,以达到学科育人的根本目的。

三、在唯物史观和家国情怀的落实中追寻学科德育的价值目标

唯物史观是诸素养得以达成的理论保证,是科学的历史观和方法论。[2]它与时空观念、史料实证等其他学科素养是互相关联的。唯物史观的培养,不可抽象地说教,亦不可生硬地灌输,它是在学生发现问题与解决问题的过程中逐步实现的。[3]本课在导入环节,教师选用了董希文先生创作的油画《开国大典》,在学生观察油画的过程中,教师设疑:画面中的天空画得干净利落,但其实开国大典当天是个阴天,上午还下过雨,那么为什么作者会如此创作呢?由此引导学生展开探究,在解决问题的过程中培养学生的唯物史观,加强对学生的爱国主义教育。

钱穆先生曾在《国史大纲》卷首语中指出:作为一个国民,首先是要"知史",所谓"凡其所爱,必其所知",要知道我们从哪里来,将要到哪里去。这其实也是告诉我们要把家国情怀的培育落到实处,而这又是学科德育的价值目标所在,这在本课的多个环节中都有所体现。例如,在感悟开国大典盛况的心情时,教师引用了当时家乡主流报纸《江海报》的报道和诗人胡风的长诗《时间开始了》;在体会"中国人民从此站起来了"所饱含的民族情感时,引

用了毛泽东和任继愈先生的语录,帮助学生在具体情境中了解先辈的艰辛,以温情和敬意去理解先人的不易,以更全面、更客观的态度去认识历史、面向未来,从而达到学科育人的价值目标。

参考文献

[1] 王少莲. 历史学科核心素养"落地"路径概要[J]. 中学历史教学参考,2019(23):9-12.

[2] 教育部. 普通高中历史课程标准(2017年版)[S]. 北京:人民教育出版社,2018:4.

[3] 孙立舟. 在质疑解疑中培养唯物史观[J]. 中学历史教学,2019(7):27-28,32.

(南通市东方中学　黄　杰)

29.《运动的相对性》课堂实录

课堂再现

【教学目标】

1. 知道世界是运动的,能说明常见的运动现象。
2. 能对各作品中描述运动的例子进行简单分析。
3. 会用科学的语言描述运动和静止,了解参照物,能举例说明运动和静止的相对性。

【教学重点】

运动的相对性、参照物的选择。

【教学难点】

运动和静止的相对性。

【教学过程】

一、新课导入

师:同学们,看过电视剧《西游记》吗?

生:看过。

师:《西游记》是深受同学们喜爱的影视剧之一。尤其孙悟空一身正气的形象赢得了同学们的青睐。在剧中,孙悟空有个腾云驾雾的本领。下面我们先来欣赏其中的一个片段合集。

(播放视频:《西游记》片段)

师:在片段中,孙悟空能在天上腾云驾雾、来去自如。同学们知道这些镜头是如何拍出来的吗?(略作停顿)要想知道其中的奥秘,先跟老师一起来学习今天的内容"运动的相对性",学完后,相信你也可以做个小导演。

(板书:运动的相对性)

二、认识机械运动

师:说起"运动"一词,我想同学们一定在脑海中浮现出很多有关的场景。那么你们能举几个生活中物体正在运动的例子吗?(学生边说,教师边写在副板书上)

生:人在跑。

生:汽车在动。

生:鸟在飞。

……

师:说得很好,同学们肯定还有很多的例子。的确,生活中小到微观粒子、大到宇宙天体,都在不停地运动。我们处在一个充满运动的世界中。

(课件展示:各类运动的动图)

师:那么什么是运动,什么又是静止呢?下面,我们通过一个小游戏来了解下。

师:首先,请左边的同学先闭上眼睛,等一会儿老师说睁开眼睛后,判断下,老师在你们闭眼期间有没有动?理由是什么?请右边的同学当好裁判。

(场景1:在学生闭眼期间,老师逐渐远离讲桌,最后停在离讲桌一定距离的地方)

师:请同学们睁开眼睛,说说老师刚才动了吗?你是如何判断的?

生:动了,离桌子远了。

生:动了,和桌子间的距离变了。

师:(询问右边同学)他们说得对吗?

生:对。

师:很好。(教师在副板书上记下:距离)。下面我们再来判断下,规则和刚才一样,请左边的同学闭上眼睛。

(场景2:在学生闭眼期间,老师从讲桌的左侧走到右侧)

师:请同学们睁开眼睛,说说老师刚才动了吗?如何判断的?

生:动了,原来在桌子的南边,现在在北边了。

师:(询问右边同学)他们说得对吗?

生:对。

师：嗯，虽然这次老师和桌子间的距离没变，但方向变了。（教师在副板书上记下：方向）我们把刚才游戏中的距离或方向的改变统称为位置的改变。（归纳在副板书上）接下来我们来看第3个情景。规则还是如此，这次我们换右边同学说，左边同学来当裁判。下面请右边的同学闭上眼睛。

（场景3：在学生闭眼期间，老师绕着讲桌走了一圈又回到原地）

师：请同学们睁开眼睛，说一说？

生：没有动，因为位置没变。

师：（询问左边同学）他们说得对吗？

生：不对。

师：为什么右边的同学没说对呢？

生：因为他们没有看到你跑的过程。

师：所以说，运动是一个——

生：过程。

师：好。（教师在副板书上记下：过程）老师把刚才的3个例子简写在了黑板上，请同学们一起看下，运动实际上就是一个物体相对于另一个物体位置改变的过程。这就是我们物理学上对机械运动的定义。

（课件展示：运动的定义）

（板书：运动的定义）

师：由此我们发现，判断一个物体有没有动，要先选一个物体来作比较。我们把这样的物体称为参照物。现在，你能不能用规范的语言来再次描述下一开始我们同学举的实例？

生：人相对于地面在运动。

生：汽车相对于地面在运动。

生：鸟相对于树枝在运动。

师：说得很好。但老师发现同学们都选择了一个我们日常生活中看起来是不动的物体作为参照物，的确，一般而言，我们常常以地面作为参照物。同学们能不能选"动"的物体作为参照物呢？试一试？

生：人相对于飞驰的汽车在运动。

师：对不对？对，说明了参照物的选择有什么要求呢？

生：可以选静的，也可选动的。

师：对，参照物可以选任意的物体。

三、认识运动的相对性

师:下面我们就用刚学的知识来议一议,你认为他们做出判断的依据是什么?

(动画1:小明说火车没动)

生:因为他发现火车还在站台上。

(动画2:小华说火车动了)

生:因为她发现另一列火车的位置发生了改变。

(动画3:整合动画1、2,小明和小华在同一列火车上)

师:为什么同样的场景会有不同的结论?

生:选了不同的参照物。

师:由此看来,运动和静止不是绝对的,是相对于参照物而言的。我们把这种现象称为运动的相对性。

(课件展示:运动的相对性)

(板书:运动的相对性)

师:对于运动的相对性,我们古人早有研究。在晋朝葛洪的《抱朴子》中,有这样一段话,你能说说这里的运动分别选择了什么参照物吗?

(课件展示:游云西行而谓月之东驰)

生:以月亮为参照物,云朵在往西走;以云朵为参照物,月亮在往东走。

师:说明了什么?

生:说明了运动是相对的。

师:非常好。下面我们来个竞赛,这里有四组题,请同学们选择并回答,看看哪一组回答得既快又好?

(课件展示:展示4组古诗词竞赛题)

第一组:(《绝句》)空手把锄头,步行骑水牛。人从桥上过,桥流水不流。

第二组:(《望天门山》)天门中断楚江开,碧水东流至此回。两岸青山相对出,孤帆一片日边来。

第三组:(《浣溪沙》)满眼风波多闪烁,看山恰似走来迎。仔细看山山不动,是船行。

第四组:(《襄邑道中》)飞花两岸照船红,百里榆堤半日风。卧看满天云不动,不知云与我俱东。

生:第一组中,"桥流"是以流水作为参照物,桥在动。

29.《运动的相对性》课堂实录

生:第二组中,"青山出"是以船作为参照物;"孤帆来"是以山作为参照物。

生:第三组中,"山走来"是以船为参照物;"山不动"是以树木作为参照物;"船行"是以山作为参照物。

生:第四组中,"云不动"是以船为参照物;"云与我俱东"是以山为参照物。

师:同学们都非常棒,将诗词中的运动与静止解释得非常到位。运动的相对性不仅存在于古人的诗句中,在现代,我们也会用到,比如:请你看一看,想一想,如何将瓶中的水慢慢倒入运动的杯中?

(课件展示:运水游戏规则和要求)

(游戏:如何将一瓶水慢慢倒入正在运动的杯子中?一学生拿水,另一学生拿杯子。)

师:通过刚才的表演,同学们有什么发现?游戏成功的关键在什么地方?

生:两位同学要以相同的速度运动。

师:对。同学们不要小看了刚才的发现哦,在我们的军事上,加油机给战斗机在空中加油时,用的就是"相对静止"的知识。

(播放视频:《空中加油》)

师:除了空中加油,你知道还有哪些地方用到"相对静止"吗?

生:……

师:那老师给大家介绍几个吧。

(课件展示:"相对静止"实例)

师:空中加油技术的突破,标志着我国军事能力的提升。其实,在飞机的研制阶段,我们同样会遇到一个难题:如何来模拟飞机在空中飞行时的情景,以此来获得相关数据?我们先来看下飞机在空中的情景。

[老师展示:模型飞机在空中飞行时的状态(飞机后尾系上飘带,便于观察现象)]

师:现在,飞机还在研制阶段,不能在天上飞行,那我们如何利用今天所学的知识来模拟出飞机在空中飞行时的情景呢?请同学们讨论后回答。

生:让飞机静止不动,前面吹风。

生:……

师:下面就请你和组员一起来给我们展示下你们的方法。

(学生展示:飞机固定在手上,用电吹风对着飞机吹风)

生:我们通过飞机尾部的飘带发现,这种情况下飞机和前面老师展示的

157

飞机的状态是一致的。

师：非常棒的想法，谢谢你们的精彩展示！这里运用了今天所学的哪个知识点呢？

生：运动的相对性。原来在天上飞时，以空气为参照物，飞机在向前运动，即空气相对于飞机在向后运动。所以在地上时，我们只需把飞机固定，让风从前面吹，此时空气相对于飞机也是向后运动的。

师：说得很好。根据这个想法，在实际情况下，我们建成了风洞。

（课件展示：风洞模型）

四、巩固提升

师：还记得上课前的《西游记》场景吗？下面请同学们利用提供的器材，试一试，看看你能不能拍出孙悟空腾云驾雾往前飞的场景？看看谁的方法多？

（活动：模拟拍摄）

师：下面请各小组展示你们的拍摄作品，汇报你们的做法。

生：我们组的方案是：底板不动，让孙悟空往前运动。

生：我们组的方案是：孙悟空不动，让底板往后运动。

生：我们组的方案是：底板和孙悟空都往前运动，孙悟空运动的速度比底板快。

生：我们组的方案是：底板和孙悟空都往后运动，底板运动的速度比孙悟空快。

生：我们组的方案是：底板往后运动，孙悟空往前运动。

师：我们各小组的作品都非常棒。看来你们对今天所学的知识都掌握得非常好。在日常生活中，类似的实例还有很多，请同学们课后收集更多有关运动相对性应用的实例来跟我们一起分享。

师：今天我们就学到这里，下课！

（南通市东方中学　范勤勇）

30. 在真探究中学会学习

——对《运动的相对性》一课的教学反思

教学自省

"运动的相对性"一课是苏科版《物理八年级上册》第 5 章最后一节的内容。从知识角度上看，本节内容难度中等，容量小，学生易于理解，但对于运动相对性的应用又是一个难点。因此，如何将一个并不复杂的知识点讲好讲透，让学生真正会学会用，这是我在备课和上课时重点考虑的内容。综合来看，我认为只有在教学中做到真探究，学生才能真学、才能真会。

一、创设合理情景是真探究的原动力

学生要做到真探究，就要把学生吸引进课堂。

1. 首先，我在课前引入部分播放了《西游记》中的部分片段，引导学生通过观看《西游记》中孙悟空腾云驾雾的场景，来思考导演是如何拍摄的。学生由此带着这样的疑问进入课堂。从学生的反馈情况来看，观看视频的效果确实很好。学生们都提起精神，在视频的冲击下，情绪高涨、跃跃欲试，达到了让所有学生快速进入课题的目的。同时，在最后结尾处，我设置了模拟拍摄的环节。这是对整个学习过程的一种应用，也是前后呼应，让学生经历"看—学—用"的一个自然过程。

2. 然后，在"认识运动"这一环节，我备课时有个疑惑：运动作为常见的一种状态，在今天的课堂上该怎样让学生准确理解运动呢？应该怎样引导学生去进行思考呢？思索后，我以自身作为实验对象，让学生通过观察教师的位置来判断教师有无运动。本设计分三层，分别通过"距离的改变"、"方向的改变"和"动的过程"来让学生理解运动的关键点，目的是让学生从不同的侧重点来理解和掌握什么是运动,从而给出运动的定义。在实际上课环节,学生自己能够对活动的现象进行总结、得出结论,这正是我一直以来想要达到的效果。在这一环节,所有好的视频、动画都抵不过身边的实例易懂。学生既有眼前的实例,又有组间的猜想比拼,探究气氛热烈,所有的学生不管学习能力强弱,都真正参与了进来,做到了真探究。

3. 最后,自然的过渡是真探究的基础。一个真正探究的课堂,是学生自己发现问题、解决问题的课堂,而不是教师提问的课堂。因此,课堂中各知识点活动的设计及过渡要自然、有效。在这一环节,我主要是借助于学生的认知冲突,来贯穿本课教学。一开始,我让学生自己举例说说静止和运动的物体,然后通过游戏来引入物理学中的运动概念,学生自然会发现,一开始自己举的例子说法不对,在交流中修正了自己原先的认识,做到了规范表述;学会了运动的表述,是不是就真正理解了呢?这时,我引入"小明和小华坐火车"这一例子,学生通过辨别小明和小华的说法,发现原来我们看着是"动"的物体可能是"静"的,看着是"静"的物体可能是"动"的,再次产生了认知上的冲突,急欲寻找答案。在此基础上,我通过"运水游戏"让学生在活动中体会出"运动和静止具有相对性"这一知识,学生认知再次得到提高。学会了怎么用呢?学生学到新知识后都有试一试的欲望,这时,我再抛出课前引入时孙悟空腾云驾雾的镜头,让学生试着用所学的知识拍一段镜头。这样的安排符合学生的认知规律,易于让学生去真探究。从上课情况来看,这样的安排,课堂有序、流畅,学生探究欲强。

二、将实验生活化是真探究的捷径

对于运动相对性的理解与运用,是本课教学中的难点。如何将这种不易理解的难点简单化,变成让学生容易理解的知识点呢?在这一点上,我是这样处理的:我设计了一个运水游戏。让一名同学拿着水杯,并以一定的速度往前走。另一名同学拿着矿泉水瓶,要想办法把水慢慢倒入第一个同学的杯中,他如何做呢?在这一环节,学生通过尝试,发现只有2个人靠在一起走才能完成倒水的任务,即2个人需保持相同的速度。在发现这一点后,我再引导学生通过运动的概念来分析该状态,发现虽然2个人相对于地面都在运动,但以对方作为参照物,自身都没有运动,从而自然提出相对静止的概念。通过这一环节的实践,学生很容易区分日常生活中的静止、运动和相对静止之间的关系,从而为接下来飞机空中加油、运动会上交接棒等实例的讲解和理解

30. 在真探究中学会学习——对《运动的相对性》一课的教学反思

打下基础。在这里，我将实验生活化，用日常生活中的例子来模拟科技中的一些实例应用，简单而易于理解，学生的学习效果非常好。该环节的设置也成功地突破了"相对运动与静止"这一难点。

在最后巩固环节，我想，用什么样的检测手段才能真正检测出学生的学习情况呢？当堂练习、知识回顾等显然并不是最理想的方法。最后，我决定将反馈与前面的导入结合起来，用实际拍摄一段视频的方式来检验同学们的学习情况。在实际上课中，学生们非常兴奋，他们都有一种自我展示，为自己、为小组争光的豪情。所以，我们可以看到，组员间有时在补充、有时又在争辩，每一位同学都在积极思考。最后在展示环节，同学们给出了很多的方法，有些我们认为有难度的办法都被学生们想出来了，可见，他们对于知识已经很好地掌握了。这种形式的课堂反馈，不仅提升了学生们的动手能力，更增强了探究能力、合作能力，可以说是一种非常好的反馈形式，课堂教学也达到了较好的效果。

通过实际教学，我发现在以下几个方面还需进一步优化：

1. 加大学生活动的参与度和参与面。实践出真知，学生在亲身参与的活动中往往最容易获得知识。在本课中，对"运动的认识"这一环节，是教师做，学生判，虽然学生参与了，但并不能保证所有学生都能进入这一活动。如果能改成让学生各组间按一定要求自导自演，虽然课堂的把控难度可能会增加，但学生的参与度肯定会提升，效果可能更好；在最后拍摄这一环节中，实际课堂只用了6台平板电脑和模拟设备，从当堂反馈情况看，每组真正积极参与的人员在3～4位，还有1～2位只是在附和，如果我们能增加设备，做到3～4人一组，让人人参与，增加参与面，学生拍摄中暴露的问题可能更多，而解决的问题越多，学生对知识的理解将越深入。

2. 进一步增加学生活动量，让学生有所感有所悟。在本课讲解"运动相对性"时，我是通过动画"小明和小华坐火车"来引入的。动画相对于静态图片来说，优点是能动态展示，有一定的直观性。但它的缺点在于缺乏一定的实际感，学生不能进入这个角色。在分析小明以站台为参照物，从而判断自己坐的火车没动这一环节时，学生还能很快理解；在分析小华以另一辆火车为参照物，从而判断自己坐的火车运动这一环节时，学生就有了不同的看法。为什么呢？因为学生没有这种体会，或者说有过感受但比较模糊。如果我们能在这里用模拟的游戏来代替动画，让学生亲身参与，效果就会好很多。

161

综上所述,本节课总体效果较好,在知识点的学习巩固和重难点突破上都达到了较好的教学效果,学生的参与度和学习热情也非常理想。但从实际上课后的反馈来看,也有一些地方值得推敲和改进。我将在今后的教学中,更注重从学生的真探究出发,设计更符合学生学习的教学方案,为学生学习能力的不断提高和后续发展而努力。

(南通市东方中学　范勤勇)

31. "让学生参与"是最好的教学

——观《运动的相对性》一课有感

同行点评

在2019年10月的南通市教科研协作共同体推进会上,我有幸观摩了范勤勇老师执教的"运动的相对性"一课,收获颇多。在推进学生核心素养培养的今天,学生的发现性、主动性学习已成为教师教学的一个重要目标。范老师通过情景设置,让学生参与到教学中,学生在自我探索中思索、求解、应用,教学效果显著。下面我以该课为例,谈一谈我学习后的认识与收获。

一、善用身边素材,构建熟悉场景,让学生乐于参与

依据美国学者埃德加·戴尔的学习金字塔理论,在知识的吸收、保留率上,活动、运用型的教学方式远高于听、看类型的教学方式。因此,在课堂上,善于利用身边的素材,构建学生熟悉的场景,能让学生快速进入学习状态。在本课中,有2处使用了这一方式。

第一处,在讲"运动的概念"时,由于学生在之前接触过运动,所以有一定的前置概念,但学生并不能真正理解运动。因此,教师在讲这一概念时,演绎了"教师离开讲桌、教师从讲桌的左边走到右边、教师绕讲桌一圈回到原地"共3个生活片段,让学生思考"教师有没有动?"。学生在这些熟悉的场景中很快就感悟到运动的要点:距离的改变或方向的改变和动态的过程。该处教学的设计意图较为明显,是想让学生回答"距离的改变""方向的改变",最后教师帮助总结"距离和方向的改变归纳为位置的改变"。在学生交流时,有人回答"距离的改变""方向的改变",但也有人直接回答"位置的改变"。这时,教师的基本功就显现出来了。教师并没有"庆幸"学生回答对了,就马上进入下一环节,而是追问:什么是位置的改变?你说的位置的改变和其他同学说的距离或方向的改变有什么关系呢?让学生带着问题,再次对照场景展开深入讨论,从交流中深入体会位置的含义。这样的一种探究,不是追求教学的进度,而是在真正意义上让学生参与到活动中,在活动中发现、理解知识。

第二处,在讲解"相对静止"这一知识点时,课本安排是通过"飞机空中加油"来说明相对静止在军事上的应用。但若在教学时直接给动画或视频来辅助讲解,学生是很难理解的:明明都在"动"的两架飞机,怎么说是"静止"的呢?学生在此处易于产生思维混淆。怎么讲?教师在这里又创设了游戏场景:让一个学生边走边端着杯子,另一个同学拿着一瓶水,请学生思考并做一做,如何将水瓶内的水倒入杯中?如此一来,将一个不易理解的实例转化成了一个游戏。在学生看来,这是生活中最为常见的一种场景,因此,不管能力强弱,大家都积极思考、跃跃欲试,学生的参与面及思维深度都得到提升;然后,通过实践发现,其实只要两个人保持相同的速度就能完成游戏。有了这一发现,教师再追问:分别以地面和其中一个人为参照物,另一个人是运动还是静止的?学生在这时会豁然开朗:原来只要与参照物间保持"不动"就是"相对静止"。在游戏之后,教师再引入"飞机空中加油""接力赛交接棒"等实例,学生哪还有不明白的道理!在这里,教师用一个游戏就把难点轻松突破了。

二、二次开发课本资源,将素材问题化,建立探究阶梯

在教学中,我们获取教学对应的音视频有多种渠道,如网络、教参配套光盘、其余教师分享等。这些素材一般都是以录制者的角度制作的视频片段,体现更多的是录制者的教学思想,并不一定适合其他老师。对于这些音视频资源,我们要摒弃"拿来主义",对素材要二次开发或新开发,让素材服务我们的课堂,而不是我们去迎合素材设计问题。范老师的课对素材都进行了很好的开发,让学生寻阶而上,层层深入。

1. 在"判断火车运动问题"这一环节中,课本提供的是两张对比图片,教参提供了一个动画。本意都是通过坐在同一列火车上的小明和小华,以窗外不同的景物作为参照物,得出自己所乘火车动与静的不同判断。虽然判断结果不同,但因为选择了不同参照物,所以两人说法都对,从而引出"运动的相对性"。在听其他老师上这节课时,大部分教师都是通过播放动画来设问的。可我们有没有深入想过,对于学生来讲,教师展示的图片或动画本身就是有"问题"的?为什么呢?因为无论从图片还是动画上看,学生一眼看到的就是

31. "让学生参与"是最好的教学——观《运动的相对性》一课有感

小明和小华都坐在同一个车厢内,对于学生而言,两个人的状态应该是一样的;然后再通过小明窗口的情景,发现窗外的站台一直在那,所以自然就认为车没动,小明说法正确,小华说法错误。学生的思维与教师的设计意图在这里就会出现冲突。如何解决这一问题?范老师把动画进行了二次开发:分别制作了只有小明和只有小华的动画。这样学生在观看只有小华的动画时,由于没有了小明那侧窗外站台的参照,小华只看到自己这侧外面的列车和自己的距离发生了改变,很自然地想到自己所乘坐的列车动了,所以这时就很好理解小华的说法了。最后老师再将两个动画合在一起,学生发现,原来两人在同一火车上呀,那为什么在看前面动画时,对两人的运动状态有不同的判断呢?学生在这里就会去寻找答案,这样自然引到了"选用不同的参照物,物体的运动状态就可能不同"这一知识点上面。一段动画,若直接播放,学生不易理解,教师还不一定好讲;但我们只要把它加工一下,分一分,学生一看就懂。课堂教学的有效性在这里就显现出来了。

2. 在讲解"运动的相对性"应用时,课本上介绍了"风洞实验"。风洞实验主要是讲解飞机在风洞中模拟在天上飞行时的情景。学生既不明白什么是风洞,也对飞机在空中飞行时外部的一些受力情况等不甚了解,所以对这个知识可以说是不感兴趣也不易理解。那我们有什么好办法呢?范老师找来一架模型飞机,在飞机尾巴上系上几段彩带,然后拿着它在教室里从前走到后,同学们一看,一下就来了兴趣。老师就问:同学们看到了什么现象?学生回答:飞机在飞,彩带在飘。老师接着问:如果现在老师手里的是一架最新研制的飞机,还不能上天,但设计师们又想知道飞机在空中飞行时的一些数据,你能想出办法来让这架没有发动机的飞机模拟出在空中飞行时的情景吗?学生思路一下就打开了,甚至还拿出了随身物品来演示。在经过交流讨论后,学生几乎都能说出可行的方案来。这时,老师在对学生的方法进行点评的基础上,拿出圆柱形透明塑料桶,将模型飞机固定在桶内,在模型飞机前用电吹风对着模型飞机用力吹风,现象一目了然,学生一下就明白什么是风洞了。这里的教学方法简单,现象明了,效果显著。

三、从课内到课外,将知识应用于生活,学以致用

课堂教学的目的是教会学生知识,但我们的目标绝不仅仅是学生在课堂会学,更要在课外会用。因此,将知识从课堂延伸到课外,通过问题的形式将知识应用于生活,让学生学有所感、所获、所成,那么我们的教学才是真正的以人为本的教学。在拓展应用上,本课有两个亮点。

第一点,学生学习了"运动的相对性"后,教师引用了课本上的一个例子:游云西行而谓月之东驰。学生一看,在古诗词中竟然也有物理知识,兴趣上来了。这时,范老师并没有点到为止,而是借着学生的新鲜劲,又设置了四组古诗词题目,让学生以小组比赛的形式分别说出四组题目中有关运动相对性的字词并解释。如此设计,从课堂效果上看,学生有了竞争意识,互动性较强;从知识内容来看,一来可以对该知识点有更好的巩固;二来也能增强学生的文学素养,增进学科融合。我想,通过这一环节的互动,很多学生肯定课后会主动再去寻找有关运动相对性的例子,我们教学的目标不就达到了吗?

第二点就是设计了前后呼应的拍摄活动,这个也是本节课最大的亮点。与其他的课不同,本节课在设计上就是冲着为解决某一问题而去的。什么问题呢?那就是如何拍摄出我们在电视中看到的腾云驾雾的镜头。让学生带着这样一个有吸引力的问题进入课堂,然后通过逐步探究、层层深入,将自己的所获、所得最终转化成实际的成果,多么有趣的一件事啊!学生的学习目的很明确,所以在过程中学生自然也很用心。

最终学得怎么样呢?范老师不用知识小结,也不用习题检测,而是用"拍摄视频"的活动更好地检验了学生的学习情况,拓展了知识的应用。范老师借助于课前的引入环节,提出问题:如何拍摄出一段孙悟空腾云驾雾的视频?需要什么工具,如何拍摄?学生在此问题下,兴趣一下就提升上来了:有些学生迫不及待地拿起印有图片的KT板来试一试;有些同学眉头紧锁在思考如何操作;更多的同学在组内激烈讲解自己的做法甚至互相争辩。可以说,这是课堂的一个升华,所有学生都参与到了这个活动中。在经过学生思考和实际拍摄后,范老师让学生自我展示拍摄的镜头,同时讲解拍摄时运用的知识。在这个过程中,范老师不忘观察同学们的表现,抓住同学在观看别人的作品时提出的意见,追问如何修改才能让视频更好。在这一环节中,交流与辩论已从组内变成了组间,在大家不断的修正中,我们发现,当一个视频越接近完美时,学生对知识的理解也就越深刻。这种对知识巩固和拓展的方式让人眼前一亮,在同学们的身上我也看到了它出色的效果。

综上所述,本课是一个学生与老师共同探究、解决实际问题的活动过程。在这个过程中,学生不但获得了新知,取得了成果,更锻炼了能力,提升了后续发展力。我想,在这样的课堂里,学生是快乐的,学习是幸福的。

(南通市东方中学 单成杰)

32.《算术平方根》课堂实录

课堂再现

【学习目标】

1. 了解算术平方根的概念,会用符号表示一个非负数的算术平方根。

2. 了解一个数的平方运算与求算术平方根互为逆运算的关系,会用平方运算求某些非负数的算术平方根。

3. 经历从平方运算到求算术平方根的演变过程,体会二者的互逆关系,发展思维能力。

【教学实录】

师:上课!(师生互相问候)

一、情境导入

师:进入初一后,在第一章有理数的学习中,我们已经学过了乘方运算,同学们还记得吗?

生:(略)

师:昨天老师已经布置了,要求同学们预习并且完成学案上的课前预习部分,下面我们一起来对一下答案。(请一位学生口答)

生:$=49$;49;$=0$;$=2.25$;$=2.25$。

师:很好!你能不能说一说下列各式的意义是什么呢?你来帮忙。(请一位学生口答)

生:7^2 的意义是两个 7 相乘;$(-7)^2$ 是两个 -7 相乘;0^2 是两个 0 相乘;1.5^2 是两个 1.5 相乘;$(-1.5)^2$ 是两个 -1.5 相乘。

师:看来同学们的预习还是存在问题的,同学们只看到了填答案,而没有看到"说出下列各式的意义"。因此,同学们在之后的练习中要注意审题。

师:我们再来看一下第(2)题:若已知一个数的平方为下列各数,你能把这个数的取值说出来吗?(请一位学生口答)

生:±1.3 的平方等于 1.69;±12 的平方等于 144。

师:你们的答案和他的一样吗?

生:(略)

师:刚才老师在检查你们预习成果的时候,明显发现有些人的答案是不一样的,你们中绝大部分的同学都只填了一个正数。

师:请同学们观察一下,这些乘方运算的底数有什么特征?都是些什么数?

生:有理数。

师:对,这些底数可以是正数,可以是负数,还可以是零,所以底数都是有理数。

师:我们再来看,这里的 2 是已知数,我们把它叫作什么?

生:指数。

师:1.69,144 又叫作什么?有何特征?

师:叫作什么呢?是不是叫作幂?

师:求一个数的平方,我们发现:底数可以是任意一个有理数。

师:请大家继续观察一下,你所得的结果是什么数呢?

生:结果都是正数。(请一位同学回答)

生:应该是非负数。(另一位同学补充回答)

师:很好!如果把任意一个有理数用 x 来表示,那么 x 的平方就等于 a。

(板书:$x^2 = a$)

师:请问,这里的 a 可以是哪些数?(请一位同学回答)

生:非负数。

[板书:$x^2 = a(a \geqslant 0)$]

师:很好!这位同学今天表现得非常棒,我们是不是应该给他点掌声?

(全体鼓掌)

师:因此,通过复习我们发现:所有有理数的平方都是非负数。

二、探索新知

师:现在,我们将它赋予一个实际情境中。在一个实际情境中,如果让一个数的平方等于这个数,那么我们又能得到什么结论呢?请同学们看学案上的问题1。(请一位学生读题)

生:问题1:学校要举行美术作品比赛,小欧很高兴,他想裁出一块面积为25平方分米的正方形画布,画上自己的得意之作参加比赛,这块正方形画布的边长应取多少?

师:你们能给出答案吗?(请一位学生回答)

生:5分米。

师:老师现在给它的面积变一些数,请同学们继续完成这张表格。

师:看来昨天很多同学都已经预习了。(请第一位举手的同学回答)

生:1;3;5;6。

师:你们的答案一样吗?刚才这个问题,实质上就是:已知一个正数的平方,求这个正数。

师:现在老师将面积改为5,这段文字怎样用符号语言表示一下,大家知道吗?

生:(略)

师:这位同学预习得很到位,直接将边长求了出来。有哪位同学能将这段文字用符号语言表示?

生:x的平方等于5。

师:很好!这位同学已经会仿写了。我们学习了一元一次方程,学会了设未知数,因此,我们把它的边长设为x,这段文字就可以表示成$x^2=5$。

师:然而,我们发现,5并不是一个常见的平方数,下面我们就要引入新的符号表示它,这就是我们今天要研究的算术平方根。(教师板书课题)

师:昨天同学们已经预习过,带着昨天我给的问题,听一段微课。

(播放微课视频)

师:在刚刚的这一段微课中,微课老师是如何给算术平方根定义的?

生:(略)(请一位同学回答)

(用多媒体出示算术平方根的定义)

师:全体同学齐读后完成学案:算数平方根的定义。(同时教师板书)

师:定义的前半句话"如果一个正数的平方等于a"是一个文字表达式,你

真境课堂透析

们能不能用数学表达式表示出来?

生:$x^2=a$。

(多媒体出示$x^2=a$)

师:我们在学习除法的时候,知道$2\div3$可以表示成$\frac{2}{3}$。同样,算术平方根也有它的数学符号,我们一起来看一下这个符号。

(多媒体展示:$\sqrt[2]{a}$)

我们把$\sqrt{}$叫作根号;2叫作根指数,一般省略不写;a叫作被开方数,它读作二次根号a。一般地,简写的形式读作根号a。

师:认识了算术平方根后,你能否将后半句话用符号语言完整地表示出来?

生:若$x^2=a$,则$x=\sqrt{a}$。

师:给大家举个例子,10的平方等于100,换一种写法:100的算术平方根等于10。这是文字语言,你能将它用符号语言表示出来吗?

生:$\sqrt{100}=10$。

师:刚才我们研究的是赋予实际意义的正数,此外还有一个特殊的数是0,今天我们也把它特殊地规定一下:0的算术平方根是0,这段文字你会用符号表示吗?

生:$\sqrt{0}=0$。

师:我们继续来看,刚才我们一起研究了正数和0的算术平方根,老师还有个疑问,负数有没有算术平方根?

师:如果负数有算术平方根,比如:$x^2=-25$,可以吗?你用什么理由来推翻它?

生:不可以,只能等于正数……(组内讨论一下)

生:只能等于非负数。(组内合作完成)

师:到目前为止,这一组是最好的。他们组员合作解决了这个问题。复习中我们说过,任意一个有理数的平方都是非负数,所以负数没有算术平方根。

师:通过刚才举例分析,我们发现:正数和0有算术平方根,负数没有算术平方根。也就是说,被开方数必须要满足什么条件?

生：被开方数是非负数。

师：通过我们刚才举例：100 的算术平方根是 10；0 的算术平方根是 0，这就说明任意一个非负数的算术平方根是什么数？

生：非负数。

师：也就是说，算术平方根具有双重非负性。

师：对于一些常见的数，我们可以很快求出它们的算术平方根，但是，对于我们刚才遗留的一个问题"$x^2=5$"，由于我们无法找到一个熟悉的数的平方表示它，于是，就直接用 $\sqrt{5}$ 来表示 5 的算术平方根。

三、迁移运用

师：下面我们一起来看算术平方根的应用，首先看例 1。

师：同学们已经迫不及待地举手准备回答了，等一会儿，机会马上留给你们。

师：请同学们先看多媒体，题目给我们呈现的是文字语言，那么我们该如何用符号语言来书写它呢？

生：49 的算术平方根是 7。

师：这位同学刚才的回答也是用了文字表述，那么如何用符号语言来书写呢？我们先来看示范。（多媒体出示解题过程）

师：请同学们完成例 1 的其余 4 道题目，完成后组内核对答案。

（请四位同学到黑板处板演，完成后集体批阅。在此期间，教师到学生中进行巡视和指导，组长检查组员的完成情况并批改，对组员中不会书写的同学进行讲解。）

师：请大家看黑板上四位同学的解答，有问题吗？（学生指出错误，师生共同评析）

（有学生指出要将 0.16 化成分数，老师指出没必要，有时候小数要化成分数，而今天这个小数若化成分数反而变复杂了。）

师：通过刚刚的练习，我们总结一下，求一个数的算术平方根时需要注意什么？

生1：结论要写原始数据。

生2：最后要用符号表示出来。

生3：算术平方根不能是负数。

生4：带分数要化成假分数。

师:请同学们选一个算一算。(学生自主完成,教师巡视并指导)

求一求$(-3)^2$、$1\dfrac{11}{25}$和7的算术平方根。

(教师将学生的答案投影到屏幕上,师生共同评析)

师:通过刚才的学习我们总结出以下结论,请大家齐读。

生:(齐读)正数有一个正的算术平方根,0的算术平方根是0,负数没有算术平方根。

师:请大家看例2,现在我们看到的是用符号语言表示的算术平方根,同学们能否用文字语言表示出来呢?

(学生口答完成)

生:第1题,求25的算术平方根,答案是5。

生:第2题,求0.81的算术平方根,答案是0.9。

生:第3题,求0的算术平方根,答案是0。

生:第4题,求$(-3)^2$的算术平方根,答案是3。

师:下列各式中哪些有意义?哪些无意义?为什么?请同学们组内交流讨论,说说自己的看法。

(教师巡视、指导,对表现积极的同学给予表扬)

师:同学们都讨论好了,机会给哪一组呢?

生:第3个没有意义,因为负数没有算术平方根。

师:如何判断这些式子是否有意义?

生:依据为被开方数是否大于等于0。

师:只需判断被开方数是不是非负数,当$a<0$时,无意义。

师:请同学们独立完成例4。(教师巡视、指导,学生积极举手,踊跃展示)

师:我们来看这位同学的答案,有问题吗?

(投影一位同学的答案,师生共同批阅)

师:刚才都是老师在给大家出题,同学们也跃跃欲试,现在老师给同学们一个机会:请参照教材、例题及练习题,每个小组设计3道有关算术平方根的题目。(被开方数仅限100以内)

相关题目要求:

1. 求下列各数的算术平方根;

2. 判断下列说法是否正确,并说明理由;

3. 说出下列各式的意义,并求出它们的值。

师:请同学们全体起立,组内交流讨论,合作完成,每组设计好三道题目后坐下。

(教师走进学生中去,共同交流、探讨)

师:请几位同学上台展示交流成果。

(投影学生设计的题目,师生共同完成,完成后谈谈感受)

有1名同学设计如下:求$\sqrt{25}$的算术平方根?

总结:像求这样的算术平方根要先将原始数据化简。

四、课堂小结

师:通过本节课的学习,你有什么收获?你还有什么问题和想法需要和大家交流的?

生1:被开方数还可以加上绝对值。

生2:通过本节课,我学习了算术平方根的概念、性质和如何计算。

生3:一个数的算术平方根是非负数。

生4:小数可以转化成分数,带分数可以转化成假分数。

生5:0的算术平方根是0。

生6:算术平方根具有双重非负性。

生7:计算的最终结果要写原始数据。

生8:负数的算术平方根没有意义。

生9:注意书写格式。

生10:被开方数越大,算术平方根也越大。

师:算术平方根运算是平方运算的逆运算,这是数学的思想方法。

师:下课!

(南通市东方中学　宋海琴)

33.《算术平方根》教学反思

教学自省

《算术平方根》这堂课的教育属于概念教学,课程目标是让学生能够了解算术平方根的概念,能够用符号表示算术平方根,了解平方运算和算术平方根的关系。而在实际教学中,可以说算术平方根是平方根的一种,平方根是算术平方根的拓展,算术平方根更符合生活实际的运用,平方根则更贴近数学,源于数学内部。本次课堂教学反思将从学生的表现着手,分析学生对不同教学进度的接受程度,为之后的教学提供更好的课堂设计思路。

算术平方根和平方根在教材中是分开教学的,教材先安排的是算术平方根,然后是平方根,而实际上平方根和算术平方根在数学观念上是不可分割的,两者的教学难易程度不同,学生的学习吸收效果也不同。那么在实际教学中应做出怎样的课程安排呢?在课后教学反思的过程中我对这个问题进行了思考,从以下几点入手进行分析。

一、平方根与算术平方根的教学重难点分析

在实际教学中,平方根和算术平方根由于概念不同,学习的难易程度也不同,学生对两者的吸收程度也有所差别,尤其是在解题过程中,容易将两者混淆。那么在教学过程中应该怎样安排课程,让学生既能充分地了解学习两者的联系和区别,又能较好地运用呢?通过对算术平方根和平方根的比较分析可知,算术平方根更注重于解决生活实际问题,而平方根则偏向于数学运算,趋于数学内涵,因此在教学时,首先要明晰两者的重点、难点。

通过《算术平方根》的教学我发现,学生在学习算术平方根时,对平方运算和算术平方根的互逆关系有很大的疑问。如在用平方运算引入算术平方根概念时,让学生计算"$7^2=49$;$(-7)^2=49$;$0^2=0$;$1.5^2=2.25$;$(-5)^2=2.25$",并根据计算式来说明式中的每个数值所代表的意义,有些学生会说,"-7"的平方运算也是49。这时就可以利用一个题目,问:"学校要举行美术作品比赛,小欧很高兴,他想裁出一块面积为25平方分米的正方形画布,画上自己的得意之作参加比赛,这块正方形画布的边长应取多少?"让学生来思考计算本题目结果,这样就可以让学生明白为什么会有算术平方根、算术平方根的意义是什么。

同理,在平方根的教学中,虽然平方根有正负两种情况("0"的平方根为"0"),但是很多学生会将平方根和算术平方根搞混,解答题目时容易遗忘负根的情况。从数学教学的角度来看,平方根更贴近理性化的数学教学。平方根是开二次方,后续还会有立方根开三次方等,负数的三次方是负数,负数也可以开立方根,因此在后续的教学中,更便于让学生学习立方根。由此而言,算术平方根和平方根的教学顺序并不是固定不变的,明确了两者的区别和联系,再根据学生的特点选择课程教学顺序。

二、结合学生学习特点,把握教学方针

学生第一次接触到开方运算时,难免会认为开方运算就是平方运算的逆向运算,但实际上来说,算术平方根和平方根在教学时,一些学生对数学的认知不同,从而对两者的理解也有偏差。如一些喜欢在应用中学习的同学,更容易掌握算术平方根的概念,而喜爱钻研数学公式定理的同学,则更容易理解平方根。总的来说,在教学过程中,要结合学生总体的学习特点选择课程教学。要结合"限时讲授、合作学习、踊跃展示"的教学方针进行教学,把握课堂教学时间,多让学生进行讨论、合作学习,讨论算术平方根的一些特殊题目的解题方法,以此来加强学生的合作学习能力。

如在教学过程中,为了让学生学习算术平方根的符号表达式,出题目求"$1\frac{11}{25}$"的算术平方根,这个带分数的开方运算要求先将分数进行化简,然后进行开方运算,答案即为"$\frac{6}{5}$"。同样,如果求一个计算式如"$(-3)^2$"的算术平方根,也是要将"$(-3)^2$"计算出来后再开平方,最后得出的结果是"3"。这时就会有同学产生疑问:根号下是"-3",为什么负数还可以开平方?实际上

"-3"并不是真正的被开方数,"$(-3)^2$"的计算结果才是被开方数。

通过这样的一些实例教学,让学生在思考的过程中锻炼数学思维,同时了解更多的题型,在后面的练习过程中就能避免一些错误。

三、做好课堂总结,巩固课堂知识

课堂总结能较好地帮助学生回顾课堂内容,巩固所学知识。在课堂最后时,可以引导学生进行总结,或是对算术平方根提出一些注意要点,如"小数可以转化为分数进行计算、被开方数可化简后计算"等。教师可以从学生的总结中找到尚存在的问题,思考在后面的教学中该怎样为学生解答。同时,教师可以让学生做好课下预习,结合本堂课所学习的算术平方根的运算,比较算术平方根和平方根的区别和联系。

总体来说,学生对本节内容存在的疑惑比较多,尤其是对分数开平方、计算式开平方、"0"开平方等。在做课堂总结时,教师将这些疑惑较多的问题再进行讲解,加深印象,让学生再次遇到这些问题时能够更好地解决。

教师应从学生的问题点着手,更直观地解答学生的疑惑,让学生更好地理解平方根和算术平方根。

(南通市东方中学　宋海琴)

34.《算术平方根》课堂教学点评

同行点评

　　初中阶段学生处于形象思维向抽象思维的发展阶段,这一时期的学生虽然已经具备一定程度的抽象逻辑思维和独立思考能力,但他们更习惯于直观、形象地认识了解客观事物。本课教学是让学生理解算术平方根的含义,掌握算术平方根的符号表示。教师从学生已掌握的乘方运算方式入手,密切联系学生的实际生活经验,创设数学问题情景,呈现了由具体到抽象的运算过程,引导学生在想一想、练一练的基础上,通过缜密周详地分析情境问题,自主探索归纳算术平方根的概念。下面从本节课的教学方法、教学过程等几个方面来谈谈我的看法。

　　本节课主要是算术平方根的概念和性质的教学。在此之前,学生已学习了乘方运算、有理数和无理数,具备一定的知识基础,这对学生理解算术平方根概念起到了铺垫的作用。由于算术平方根的概念比较抽象,本课中教师将数学知识生活化,并从学生已掌握的数学知识经验入手,让错误自然呈现,鼓励学生整合与综合运用已有的知识技能,自主发现问题并指出错误,认识到:负数没有算术平方根。这一方面激发了学生的学习兴趣和积极性,另一方面引导学生在复习巩固平方数的基础上,引出算术平方根的概念,并让学生在自主分析探索的过程中,经历从平方运算到求算术平方根的演变过程,体会二者的互逆过程,进一步培养学生在回顾与反思学习中,养成提出、分析、解决问题的习惯和能力。

　　由于学生对算术平方根的概念理解不深,学习理解算术平方根的性质存在一定的困难。本课中教师利用预习学案引入乘方运算,要求学生带着问题自主学习,学生给出答案并说明理由,但一些学生明显对知识点记不清,绝大部分的同学都只填了一个正数。教师在这里运用了自主先学、合作探究的教学方式,启发学生思考讨论,逐一回答问题:"这些乘方运算的底数有什么特征?都是些什么数?"这样使学生在层层递进的学习讨论中发现错误,解决问题;在巩固已有知识的基础上,讨论非负数和0的算术平方根,感受引入算术平方根的必要性。本节课中预习学案的运用效果较好,体现了师生之间、生生之间的互动交流,但课堂中学生思考分析的时间也相应多了,教师没能充分把控好教学专用时间。我觉得教学专用时间要把控好,可以让学生提前预习,使学生能带着问题自主探究。或者课堂中教师直接选取新课重点,分层次地突破重点和难点,这样课堂教学效率更高些。

本节课中,教师以美术作品比赛的生活实际情境引入问题,"若一个正方形画布的面积为25平方分米,则它的边长是多少?",放手让学生去独立思考、自主讨论,自主弄清算术平方根的概念,课堂气氛非常活跃。教师引导学生利用运算整体认识新知识,让学生在体会数学与生活联系的基础上,理解主要概念"算术平方根"。教师在本课中以学生的经验视角设计问题,使课堂充满了鲜活的生活气息,调动了学生的积极性;课堂中,教师合理启发学生带着自己的知识经验参与课堂活动,在学生陷入僵局时,则利用一段微课视频适时地给予提示,向学生展示算术平方根的定义,加深了学生对新知识的理解和认识。本课的教学方法精准到位,符合学生的认知规律,从而收到很好的教学效果。同时教师在课堂中补充微课视频和小问题,利用多媒体明确算术平方根的定义,使学生更加深刻具体地理解"$\sqrt{}$"表示的含义。教师在组织学生进行分组交流学习的过程中,要求学生完成例1的其余4道题目,并让学生设计3道有关算术平方根的题目,虽然突出了学生课堂的主体地位,但也耗费了较多的教学专用时间。我觉得算术平方根的例题推理似乎偏多了一些,因为学生理解算术平方根的概念、运用符号表示一个非负数的算术平方根要有一个过程,学生在经历从平方运算到求算术平方根的演变过程的基础上,没必要再自主设计习题。我认为要把课堂专用时间充分利用起来,可将自主设计习题环节移至课后,让学生在课后交流、探讨,巩固复习,并在下一课时汇报学习成果。

总的来看,本节课在教学内容设计层面,紧密贴近学生认知经验,由数学问题引导学生思考,使学生能在具有推理性、思考性和趣味性的学习情境中,理解算术平方根的意义。教师通过创设生活情境,激发学生对数学知识的学习兴趣,整体教学气氛非常活跃,学生能带着自己的经验知识,通过自己的思考与合作交流积极地参与到学习中来,教师也在课堂中力求为学生营造一种和谐、宽松的氛围。合理而有效地设计习题,使学生能逐渐积累经验,提高学习兴趣。教师在课堂中为学生提供了充足的思考交流空间,使学生能充分表达出自己的理解和思路。同时,教师利用多媒体直观生动地点明了学习重点,不仅增强了学生的数学应用意识,也增加了学生对数学问题的探究兴趣,学生能更好地理解算术平方根的求法及符号的表示。最后的课堂小结中教师向学生提出疑问,让学生进行更深层次的思考,帮学生理清思路,提高学习兴趣,使学生能在自觉积极的学习中,深刻理解算术平方根的概念、性质。

(南通市东方中学　王　华)

35. 高三地理专题复习课《降水的类型》课堂实录

课堂再现

这是高三地理专题复习课《降水的类型》部分教学实录。

学案阅读材料：

1. 降水的三种类型：地形雨、对流雨、锋面雨。

（1）地形雨。暖湿气流在运行的过程中，遇到地形的阻挡，被迫沿着山坡爬行上升，从而引起水汽凝结而形成降水，称为地形雨。地形雨一般只发生在山地迎风坡，背风坡气流存在下沉或者下滑，温度不断增高，形成雨影区，不易形成地形雨。

（2）对流雨。如果下垫面高温潮湿，近地面空气强烈受热，引起空气的对流运动，湿热空气在上升过程中，随气温的下降，形成对流云而降水，比如积雨云和浓积云，条件一定时即可降水。特点是强度大，历时短，范围小，还常伴有暴风、雷电，故又称热雷雨。在热带雨林气候区和夏季的亚热带季风气候区多见。

（3）锋面雨。在锋面上空气缓慢上升，在冷气团一侧形成层状降水。

2. 降水的主要形成过程

（1）天气系统的发展，暖而湿的空气与冷空气交汇，促使暖湿空气被冷空气强迫抬升，或由暖湿空气沿锋面斜坡爬升。

（2）夏日的地方性热力对流，使暖湿空气随强对流上升形成小型积雨云和雷阵雨。

（3）地形的起伏，使其迎风坡产生强迫抬升，但这是一个比较次要的因素。多数情况下,它和前两种过程结合影响降水量的地理分布。

规律总结:形成降水,必须具备水汽、凝结核等物质条件,还有不可或缺的气流的上升运动条件。无论是何种上升运动,气流都会在上升运动中随着气温降低,从而成云致雨。

一、承前启后,用研讨方式导入全新课堂

师:同学们,上节课我们一起复习的内容是"大气的受热过程"和"热力环流",请同学们将在课后复习的过程中,自己的疑问和反思设计出的习题拿出来和大家一起分享、研讨。哪位先来?好,×××,你请!

生1:我在课后作业中遇到几个问题,想请大家一起帮我看看怎么解决。

内蒙古巴丹吉林沙漠中有数百个碧蓝澄澈的湖泊。夏季晴朗的午后,湖边常会刮起一种被当地居民称为"太阳风"的风。据此完成1~2题。

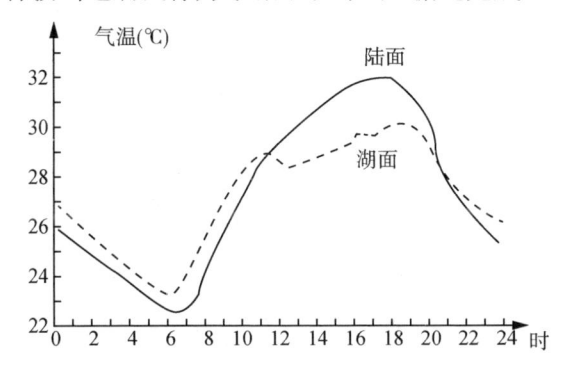

1. 该地的"太阳风"　　　　　　　　　　　　　　　　　　(　)

A. 从湖泊吹向陆地,性质较湿润

B. 从湖泊吹向陆地,性质较干燥

C. 从陆地吹向湖泊,性质较湿润

D. 从陆地吹向湖泊,性质较干燥

2. 如图,示意某日陆面和湖面气温的日变化。该日,"太阳风"消失的时间大致是　　　　　　　　　　　　　　　　　　　　　　　(　)

A. 7时前后　　　　　　　　　　　B. 12时前后

C. 18时前后　　　　　　　　　　　D. 21时前后

生2:第1题选A,根据热力环流原理,由于湖泊与陆地性质的差异,白天陆地增温快于湖泊,湖泊气温低于陆地气温,故陆地形成低压,湖泊形成高压,吹湖风;夜晚吹陆风。据此分析,夏季晴朗的午后,陆地气温高于湖泊气温。材料中提到的"太阳风"为湖风,且风由湖泊吹向陆地的过程中带来水汽,风较为湿润,据此分析 A 正确。

师:很好,请继续。

生3:我认为第2题应该选 D。结合上题,湖风和陆风转换取决于湖面与陆面的气温变化,当陆面气温高于湖面气温时吹湖风,反之为陆风。据图分析12时至21时期间陆面气温高于湖面气温,该时段吹湖风(即太阳风);21时至次日12时期间,陆面气温低于湖面气温,吹陆风。因此该日"太阳风"消失的时间大致是21时前后,D 正确,A、B、C 错误。

师:很好,请继续。

生4:(走上讲台,投影)下图为"澳大利亚附近区域某日气压分布图",图中偏西风最强劲的海域是 ( )

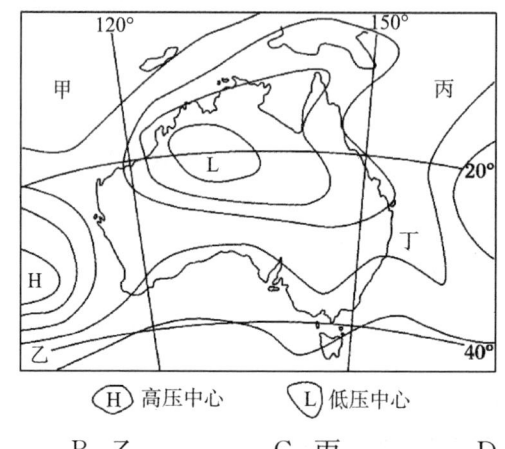

A. 甲　　　B. 乙　　　C. 丙　　　D. 丁

生5:依据图中气压可判断丙、丁附近为偏东风,首先可以排除;只有甲、乙附近为偏西风,而甲处和乙处相比,乙处等压线较甲处稠密,因此乙处水平气压梯度力比甲处大,风力较甲处强劲。故 B 正确。

师:非常好!大家还有什么问题需要共同研讨吗?

(教师环顾教室)

师:好的,大家都没有什么疑问了。老师发现,今天大家提出的问题涉及两个方面的内容:一是关于等压线数值的判读和计算,二是风向的判断。特别是关于风向的判断,大家一定要注意,始终牢记"三部曲"——三个力的作用顺序(水平气压梯度力是由高压指向低压,地转偏向力是北右南左,最后再考虑摩擦力),使风向和等压线斜交,一定要在图上画出各处的风向;还要根据等压线的疏密判断风速的大小。

师:好,让我们一起进入今天的复习内容——降水的类型。

二、研读学案,课程标准阐释学习内容

师:……由于空气上升运动的成因不同,降水的类型也就有差别。按成因来讲,一般可分为四种类型。请大家迅速阅读导学案,注意区别各种降水类型的名称、形成原因、特点和分布地区,圈注出重点和难点内容,准备设问互答。

……

要求同学们阅读学案。(操作中可随机应变,视具体情况,默读圈注重点,或安排一至两个同学朗读,也可选片段齐读。)

1. 在阅读过程中圈点出重要知识点、重要地理名词、概念解释、理论、重要数据等;

2. 视具体章节,操作中教者有时亦可先给出部分思考题,让学生带着问题阅读,在实际运用中这一工作往往成为成功操作的关键;

3. 在学生阅读过程中教者所设的思考题应少而精;

4. 学生在阅读过程中要根据产生的疑问列出自设小题。

三、师生互动,合作探究带动互帮互学

……

(5分钟后)

师:请大家将阅读中的疑问提出来,要简洁明了,直接起立提问……,好,××你请。

生1:第一种类型的对流雨,为什么容易发生在赤道地区,为什么是在我国夏季午后容易发生?

师:好,问得好,请坐,哪个同学能回答这个问题? 好,××你来。

生2:这是因为:(1)赤道地区终年高温,空气对流运动强烈,加之海洋面积广阔,水汽蒸发量大,故易形成对流雨。(2)一天中最高气温出现在午后2:00左右,所以我国夏季,在午后对流运动最为强烈,只要水汽充足,也能形成对流雨。

师:很好,请坐,请继续提问。

生3:对流雨的三个特点是:强度大、范围小、时间短。虽然简单,但这几个特点连在一起就易混淆,请问如何记忆?

生4:(主动起立)这很简单,可在理解的基础上记忆——既然强度很大,那么时间肯定不长、范围也不大,否则,那么多雨水从何而来呢?在我们江淮地区夏季的雷阵雨,有时突然而来,霎时又云消雨散,即历时不长;有时路南下雨,路北反而有太阳,即范围不广。

师:强度大决定了历时不可能长久,范围亦不会太广。非常好,请坐下,大家继续。

生5:请问在地形雨示意图上应注意什么内容?

生6:我认为应特别注意雨点的飘向,在这里学案上似乎印刷错了。既然风往坡面上吹来,雨随风飘,那么雨点应斜斜地打向坡面,这里不知为何这样画?

师:很好,你这样理解很对,学案中这里是一处勘误。另外,同学们还应注意,在背风坡,由于气流在下沉过程中增温,但并不增湿,因而形成一种干热的风,对农作物的生长极为有害,这就是焚风效应。这一点大家可先了解,以后在适当时候我们还将详细讲述。

生7:在锋面雨示意图中,锋面应如何倾斜?为什么?

生2:(迅速起立回答)冷气团冷而重,暖气团暖而轻,所以不管是冷锋暖锋,都应该是冷气团在下、暖气团在上。同时,又因为暖气团暖而湿,在其上升过程中,随着气温下降,水汽得以凝结,才能形成降水,即锋面雨。

师:很好,这里可以通过图片来理解,有没有哪位同学能够上来画出冷锋天气图?好,请××同学上来。

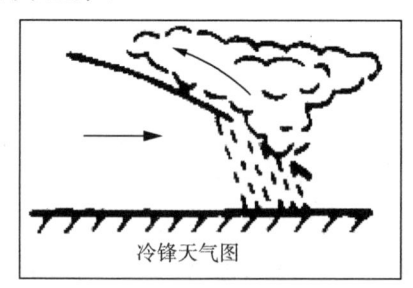

冷锋天气图

老师请数名学生在黑板上订正,讲解锋前锋后、冷暖气团性质和移动的主动和被动、锋面前进方向、风向和雨点方向。

师:这里需要特别指出的是,冷锋是由冷气团主导,因此,冷气团前进的方向就是冷锋移动的方向,还和风向、雨点方向一致。

师:请继续。

生7:(又一次起立)关于暖锋的降水特征和形成原因应如何理解呢?

生2:这不难理解。历时长、范围广,则强度就不会太大,这正好与对流雨的特点相反。我想朱自清笔下的"像牛毛、像花针、像细丝"的雨,肯定就是这种锋面雨了。

师:(举手示意两位同学坐下)问得好,答得也好,尤其是B同学的想象力很丰富。不过锋面雨有多种降水类型。我们在下一节将要详细学习锋面雨的分类。

生8:台风雨中的"旋转上升"到底是何种情况,怎样理解? 能否用图展示出来?

师:这个问题问得好,大家稍微思考一下……好,谁能回答这个问题?

生9:(走上讲台画出两幅图,指图讲述)

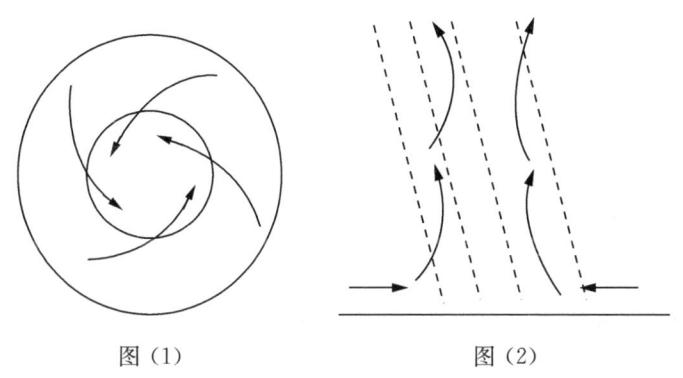

图(1)　　　　　　图(2)

图(1)是俯视图,即北半球气旋的空气水平运动情况,周围空气旋转地流入气旋中心;图(2)是侧视图,由于近地面空气向中心流动时发生旋转,因此中心上升气流也同样旋转,从而盘旋上升,转动方向应和近地面一致。而且,因为在上升过程中气温降低,所以水汽得以凝结形成降水。

生8:(起立)谢谢,我明白了。

……

四、课后存疑,学生自设作业促进主动学习

师:……课后,请同学们在复习的基础上,预习"天气和气候"一节,将复习和预习中产生的疑问写成书面小题目的形式,每人最少不得少于2题,下节课我们一起来共同探讨……好,现在下课!

(南通市天星湖中学　唐有祥)

36. 地理高效课堂构建例谈

——兼评《降水的类型》一课

教学自省

每学期,每学年,在我的备课笔记的扉页,一直写有这么一句话:"说学生易懂的话,写学生易识的字,教授学生于生活有用的地理……"

大道至简。的确,再怎么高深的道理,它的呈现往往都是最朴素最简明的。在多年的中学地理教学生涯中,我不断总结和验证着这一点。我深深地觉得,一个老师,一个令学生喜爱的老师,除了应该具备高尚的情操和人格魅力、深厚的学科文化知识底蕴外,还必须拥有灵活多变的教学方法和教学技巧,让学生学得轻松、听得明白、懂得深刻、记得牢靠!

熟悉高中地理教材的老师和同学都有一个共同的印象,那就是必修Ⅰ的自然地理特别难学。很多学生刚刚进入高一就被这部分搞蒙了,他们对地球的运动、天气系统、洋流、地理环境的整体性和差异性等知识很是头痛。当然,考试成绩也就不太理想,甚至到选科分科的时候,谈"地理"色变!为此,一个十分严峻又很现实的问题就摆在了广大地理教师的面前:如何才能让学生学得轻松、学得明白呢? 笔者以为,可从以下几方面着手。

一、把握教材,教学内容必须拓展延伸

各学科的教材资源都具有生成性的特点,高效的课堂教学应使教材成为创新与开发的"加工厂"。新高考和新课程积极倡导对教材进行第二次"加工",那就是补充教材、拓展教材、把教材变"厚"。要将教材中的重点和难点讲清讲透,讲得浅显易懂,教师就要认真钻研、解剖和挖掘文本。教材钻研得越深,课讲起来才会越简单、越得心应手。优秀的老师往往能够把复杂的内容教得很简单,达到事半功倍的效果;而平庸的老师却会把简单的课越上越复杂,原因就在这里。只有真正把握教材的编写意图,才能吃透教材的精神,也才能实现对教材的必要超越,高效教学也才不至于成为无本之木、无源之水。因此,我们必须在课下自我加压,静下心去钻研教材,努力做到对教材烂熟于心,方能让课堂教学内容丰满而不干瘪,贯通而不孤立。

比如,在复习"降水的类型"这部分知识时,作为教者就应该切实把握相关概念和原理,简明扼要地帮助学生理清线索、讲清原理。

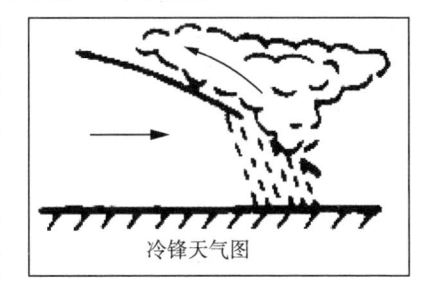

在讲述"冷锋与天气"时,我一般都会将冷锋的定义拓展为"冷气团主动向暖气团移动,迫使暖气团抬升",在这里,着重强调的是两个关键词——"主动"和"抬升",并结合冷锋天气图进行讲解:

因为是"冷气团主动向暖气团移动",所以图中冷气团前进的方向即代表了冷锋前进的方向,也决定了图中的风向和雨点的飘向。也因此,暖气团在锋前,冷气团在锋后,当然,降水出现在锋后的冷气团一侧。

在最近的一次测试中,恰好出现了这样一道测试题:

2021年初,北美中部普降暴雪,一些地区地面积雪厚度近2米。造成此次强降雪的天气系统属于下面哪个图?(答案:B)

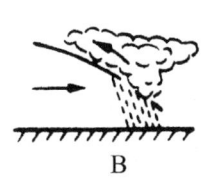

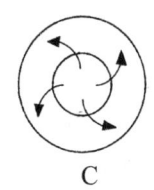

在试卷讲评时,我特意请学生来讲解他们自己对本题的解题思路,一般学生都会由"普降暴雪"很容易地分析得出是受冷锋影响而产生。随之,在判断冷锋天气图的过程中,一个同学竟然总结出了三个方面的因素:由冷暖气团移动的方向、雨点飘向和锋面倾角均可将冷锋和暖锋天气图准确地区分出来!

二、因材施教,教学方法必须灵活多变

高效课堂主张学生自主探究,但这并不是要摒弃教师的"讲"。不少重点和难点需要教师通过讲解帮助学生理解和掌握。既然讲,那就必须想方设法

讲得条理清晰、深入浅出、明明白白、详略得当、举例恰当。绝不能蜻蜓点水、似是而非,让学生听得一头雾水,也不能面面俱到、不得要领,或者平铺直叙、拖泥带水,更不可颠三倒四、语无伦次,知识的讲解要"透""简""准""实"。

教师的"教"要服务于学生的"学",必须以学生学习的需要来决定教师讲什么、讲多少、何时讲和怎么讲。教师的讲解不必口若悬河、滔滔不绝,但一定要表达完整,入心入耳;也不必字字珠玑、语惊四座,但一定要凝练准确,经得起推敲。更为重要的是,教师要学会灵活多变地根据教材知识的特点和学生实际情况采取不同的教学方法,化繁为简,化难为易,让学生轻松愉快地接受新知识。

比如在这节课上,笔者根据教材知识的特点,对冷锋和暖锋特点的学习,采用了比较法。将"冷锋图"、"冷锋天气图"和"冷锋示意图"分别和"暖锋图"、"暖锋天气图"和"暖锋示意图"进行对比,收到了很好的效果。

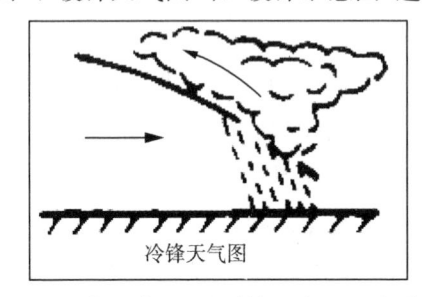

冷锋天气图　　　　　　　　暖锋天气图

"冷锋天气"和"暖锋天气"是十分重要但又非常难懂的知识。如前所述,在这里,笔者首先认真研读教材,抓住基本概念不放,并适当进行拓展。笔者向学生强调冷锋就是"冷气团主动向暖气团移动,迫使暖气团抬升";而暖锋则是"暖气团主动向冷气团移动,迫使冷气团后退"。笔者又特别强调是何种气团主动移动,再结合图片和多媒体课件中的动态的气团移动状况,使学生对冷、暖锋的形成原因有深层次的了解。同时笔者运用列表比较的方式来进行强化巩固,比较冷、暖锋过境前、过境时和过境以后的天气特征,让学生学得透彻,烂熟于心,记得牢靠。

三、唤醒激情,探究活动必须巧妙设计

目前还有少数教师在课堂上让学生为讨论而讨论,毫无明确目标地追求形式上的讨论。一味地追求讨论合作,带来的负面影响是什么?不该合作的也合作,不该讨论的也讨论,带给学生的是惰性!独立思考的好习惯被抛弃了,这样的孩子还有主见吗?还有创新意识吗?

36. 地理高效课堂构建例谈——兼评《降水的类型》一课

　　高效课堂应该遵循这样一个最基本的原则：当个体在解决问题确实有困难，需要有同伴的帮助时，可以采取小组的合作学习。作为教者应当精心设置一些探究活动，让学生思考讨论，从合作学习中得到巩固和提高。在这个环节中尤其需要注意的是，不必过分追求教学方法的花样翻新，而应看重实效。过分追求形式上的新意，不利于培养学生的独立思考和解决问题的能力。提高课堂教学的实效性，去伪存真，不管是在过去、现在还是将来，都应该是我们每位教师的不懈追求。

　　还以本节课为例，笔者在探究活动中，不仅要求学生讨论冷、暖锋降水区域的不同，还要求大家认真思考讨论冷、暖锋降水区域的相同之处。同学们对此兴趣很浓，经过认真研究和讨论，很快得出不同之处是"冷锋降水在锋后，暖锋降水在锋前"；但是有一点是相同的，就是"冷、暖锋降水都是出现在冷气团一侧"的结论。这样的活动、这样的课堂教学大大激发了学生学习和探索的兴趣，使得学生的学习由"被动"走向"主动"，由"消极"走向"积极"，由"低效"走向"高效"。

（南通市天星湖中学　唐有祥）

37. 探究认知心理，呈现更精彩的地理课堂

——浅评唐有祥老师的《降水的类型》一课

同行点评

若干地理教师，特别是很多年轻教师，自高考改革以来，时时觉得课时紧、任务重，素有"力不从心"的感觉。教者也能通晓教材，在课堂上口若悬河、极其熟练地讲解；多数学生似乎也能听懂，甚至随之附和，课堂气氛尚可。然而，通过课后的跟踪调查我们发现，学生对课堂知识的掌握其实微乎其微，更别说理解和熟练运用了，而学生的操作、动脑能力更是不如人意。

一次次失败、一次次惨痛的教训，不断给一线地理教师带来警示：教改，是时候了！在以素质教育为主旨的今天，不能再靠大量的课时、大量的习题、大量的讲解、大量的作业来教学生了，也不能再靠"疲劳战役"来提高"教学质量"了。我们应该摆正方向，改革教法，让学生学得轻松、懂得透彻、记得牢固，切实掌握和熟练运用科学的学习方法。

近几年来，笔者有幸参加南通市教育局、南通市教育科学研究中心组织的多项教改实验，对课堂教学进行了大胆的改革和艰难的探索，获得了一点浅薄的经验和体会。现结合唐有祥老师这节高三复习研讨课《降水的类型》，谈谈自己的一点认识。

一、课堂教学改革的宗旨

课堂教学改革的宗旨是通过改革课堂教学，提高教学效率，其理论依据如下：

1. 教学过程的实质是学生的认知过程，是学生吸收和掌握知识的过程；
2. 信息论认为，学生掌握知识的过程是信息的输入、编码、储存、检索、提

37. 探究认知心理,呈现更精彩的地理课堂——浅评唐有祥老师的《降水的类型》一课

取和反馈的过程;

3. "记忆方法适当与否,直接影响学习的效果""良好的记忆方法是建立在符合记忆规律的基础上的";(宋兴川、刘旺《心理咨询与心理健康》)

4. "学生是主体,教师是主导""教学过程应当是教师主导作用下,学生学习的积极性充分、有效发挥的过程"。

二、课堂教学改革的目标

课堂教学改革的目标应该要变"一言堂"为"群言堂",让课堂真正成为学生自己的课堂,其操作流程如下:

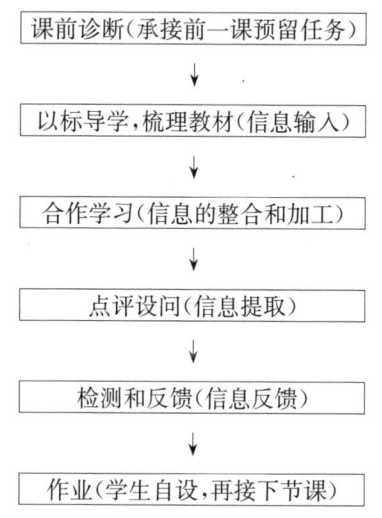

课前诊断(承接前一课预留任务)
↓
以标导学,梳理教材(信息输入)
↓
合作学习(信息的整合和加工)
↓
点评设问(信息提取)
↓
检测和反馈(信息反馈)
↓
作业(学生自设,再接下节课)

1. 课前诊断阶段——互问互查

此为复习检查阶段,以学生活动为主,即检查上节课的学习内容后,学生运用复习过程中所发现或遗留的问题,自行设计各种小题型。本阶段侧重于学生提问和其他学生解答,教者仅作更正或适当评价。要求:每个学生必须认真准备,一定要有手写题,2~3题即可,各种题型均可,操作中同类问题不重问。

本课中,唐老师首先检查了同学们准备的习题。上节课的复习内容是"大气的受热过程"和"热力环流",同学们在课后复习的过程中将自己的疑问设计出了不少很有价值的习题,唐老师通过学生问、学生答、教师点拨的方法,逐一解答,效果良好。

例如:

生1:我在课后作业中遇到几个问题,想请大家一起帮我看看怎么解决。

191

真境课堂透析

内蒙古巴丹吉林沙漠中有数百个碧蓝澄澈的湖泊。夏季晴朗的午后,湖边常会刮起一种被当地居民称为"太阳风"的风。据此完成1~2题。

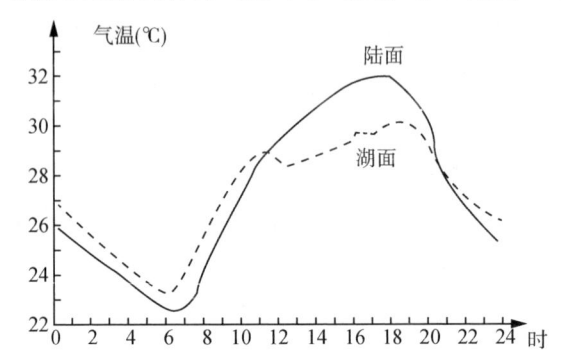

1. 该地的"太阳风" ( )

A. 从湖泊吹向陆地,性质较湿润

B. 从湖泊吹向陆地,性质较干燥

C. 从陆地吹向湖泊,性质较湿润

D. 从陆地吹向湖泊,性质较干燥

2. 如图,示意某日陆面和湖面气温的日变化。该日,"太阳风"消失的时间大致是 ( )

A. 7时前后 B. 12时前后

C. 18时前后 D. 21时前后

生2:第1题选A,根据热力环流原理,由于湖泊与陆地性质的差异,白天陆地增温快于湖泊,湖泊气温低于陆地气温,故陆地形成低压,湖泊形成高压,吹湖风;夜晚吹陆风。据此分析,夏季晴朗的午后,陆地气温高于湖泊气温。材料中提到的"太阳风"为湖风,且风由湖泊吹向陆地的过程中带来水汽,风较为湿润,据此分析A正确。

师:很好,请继续。

生3:我认为第2题应该选D。结合上题,湖风和陆风转换取决于湖面与陆面的气温变化,当陆面气温高于湖面气温时吹湖风,反之为陆风。据图分析12时至21时期间陆面气温高于湖面气温,该时段吹湖风(即太阳风);21时至次日12时期间,陆面气温低于湖面气温,吹陆风。因此该日"太阳风"消失的时间大致是21时前后,D正确,A、B、C错误。

师:很好,请继续。

37. 探究认知心理,呈现更精彩的地理课堂——浅评唐有祥老师的《降水的类型》一课

……

2. 以标导学,梳理教材阶段——导读生疑

这是新授课的第一程序,即在教师指导下,学生阅读教材(可随机应变,视具体情况,默读圈注重点,或安排一至两个同学朗读,也可选片段齐读)。在具体操作中,教者进行行间巡视并作适当的插入式点拨和补充说明。

要求:

(1) 在阅读过程中圈点出重要知识点、重要地理名词、概念解释、理论、重要数据等;

(2) 视具体章节,操作中教者可先给出部分思考题,让学生带着问题阅读;

(3) 导读过程中教者所设的思考题应少而精;

(4) 要求学生在阅读过程中列出自设题。

3. 合作学习阶段——讨论解疑

学生的提问可分两大类:

(1) 质疑——问同学,即提出自己在阅读过程中所遇到的疑问,与大家共同探讨。

例如:

生7:在锋面雨示意图中,锋面应如何倾斜?为什么?

生2:(迅速起立回答)冷气团冷而重,暖气团暖而轻,所以不管是冷锋暖锋,都应该是冷气团在下、暖气团在上。同时,又因为暖气团暖而湿,在其上升过程中,随着气温下降,水汽得以凝结,才能形成降水,即锋面雨。

师:很好,这里可以通过图片来理解,有没有哪位同学能够上来画出冷锋天气图?好,请××同学上来。

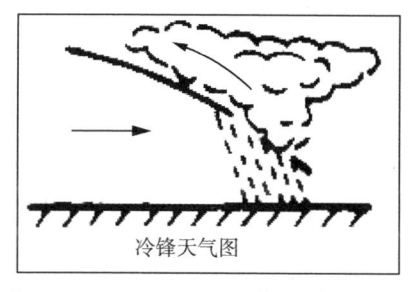

冷锋天气图

老师请数名学生在黑板上订正,讲解锋前锋后、冷暖气团性质和移动的主动和被动、锋面前进方向、风向和雨点方向。

师：这里需要特别指出的是，冷锋是由冷气团主导，因此，冷气团前进的方向就是冷锋移动的方向，还和风向、雨点方向一致。

……

(2) 设疑——考同学，即学生用自己阅读中已弄懂的知识设成小问题，让他人解答。

相应地，这里的学生解答也可分为两方面：

①释疑——对同学不懂的问题作解答，并引发讨论。

②答疑——学生对提问同学的自设题作解答与补充。

要求：

①同学间自由问答，只要有序进行即可，具体操作中可灵活变通，在教师引导下，组与组、行与行之间互问互答或抢答，但要控制秩序。实际操作中，笔者的经验是，高年级同学不需举手，而直接起立回答。

②题型灵活多变，如简答题、选择题、填空题和读图题（学生在黑板上自绘图）等。

③学生解答要有重点，按步骤进行，对较好的自设题（如题型好的、设问中肯的、存在共性的或本身就是重点难点内容的），教者应有目地加以点拨，引发全体同学思考，并共同得出最佳答案。

④教者应注意维持正常秩序，做好提问组织工作，保证解答有序地进行。

4. 点评设问阶段——引导释疑

这是以教师活动为主的阶段，点评和总结不是重复，更不是机械罗列，其内容应包括：

(1) 教材重点或难点内容的点拨与提示；

(2) 学生设问及解答中有共性的错误之处；

(3) 学生活动中的遗漏处；

(4) 在具体操作中，教者可用纲要图表的形式概括当前内容，理清课本结构和线索。点评设问阶段至关重要。

要求：宜简不宜繁，宜短不宜长，宜精不宜粗。操作时间应控制在5分钟之内。

5. 检测和反馈阶段

这是检验学生掌握知识和能力的重要手段。一般地说，只要时间允许，每一节课均应安排适当数量、适当难度的达标检测题，通过信息的反馈，及时

37. 探究认知心理，呈现更精彩的地理课堂——浅评唐有祥老师的《降水的类型》一课

了解学生动态，从而正确把握和调整学习方向，达到预期目标。

6. 作业（学生课后自设）

作业是尾声，但不是结束，而是另一个高潮，是一个画龙点睛的阶段。课堂上所学知识在此阶段得到升华和凝聚，得到延续。本阶段仍以学生活动为主，要求每生课后能运用本节课所学知识，精心设计两至三道练习题，要"精"，但绝不求多，即一定得是自己认为最好的。题目可大可小，笔者认为以小题为宜，学生将自创题目连同自制的参考答案一起以书面形式展现出来，以备下节课的复习检查之用。

在实际操作中，这种方法的优点是显而易见的。一方面，在课堂上，学生的注意力更加集中，随时准备挑战别人和接受挑战，学生思考认真、讨论热烈，课堂气氛良好。另一方面，学生课后学习的自觉性和主动性大大得到提升，每个学生都要认真反思、精心准备，拿出自己的"绝活"，以期在下一节课堂上能够好好展示。

人们常说："教有法而无定法。"其实，这种说法还不够全面，应该再补充一句："教学关键在于教学得法。"这种观念，在各学科的教学中都是一样适用的。教学的方法很多，没有一种教学模式是绝对最好的，关键是教学方法要得当，适合的才是最好的。

（南通市第二中学　钱　鑫）